これだけ！SWOT分析

一歩先を行くリーダーの
行動を加速するフレームワーク

伊藤達夫

すばる舎リンケージ

はじめに

「経営戦略を立案・実行していくにはＳＷＯＴ分析を理解しなくてはならない」

今や、ビジネスにおける経営戦略の必要性は広く知られるようになり、その中で、誰もがＳＷＯＴ分析などの環境分析の重要性を認識することになります。

まして、企業の発展に責任を持つ経営者、リーダーになれば、さらにその思いは強くなることでしょう。

しかし、いざ自分がＳＷＯＴ分析をするとなると、多くの人がうまくできないと悩むことになります。

アベノミクスが、大胆な金融緩和、財政出動、成長戦略を掲げ、為替は円安に振れ、株価は回復を見せていますが、まだまだ現実のビジネス環境は厳しいと言わざるを得ません。

経済政策同様、ビジネスでも、ビジョンを掲げ、経営戦略の立案・実行によってそれを達成しようとするわけですが、なかなかうまくいかず、自分の中で抱え込むリーダーも多いことでしょう。

しかし、私はこう考えています。

「難しい状況だからこそ、経営戦略を考えることは面白い」

かつてない複雑な状況に置かれている中だからこそ、経営戦略の成否が、環境分析の正しさが、企業の成果に直結し優勝劣敗が決するわけです。こんなにエキサイティングな仕事はないのではないでしょうか？

神話のようにすら感じる高度成長期やバブル期はもはや戻ってきません。今や日本でも実力主義が浸透し、「わが社には戦略がないことが戦略です」などと呑気なことを言う経営者、リーダーは淘汰される時代となりました。

経営戦略を考え抜き、正しい環境分析を行い、施策アイデアを立案・実行できる企業が成果を手にするのです。その中でＳＷＯＴ分析は広く普及しており、経営戦略を考える際に、その理解は必須となってきています。

現場で目の前のことに必死になっているだけでは勝てません。**勝つものは勝つべくして勝ち方を考え、勝っている**のです。

勝ち方のシナリオを考えていれば、それが狂った時、何か変更が起きた時、どうしてそうなったのか、何が原因なのかといったことがわかるようになります。そして、その修正のための打ち手、行動のアイデアをすぐに考えることができます。

アイデアがすぐに出ないこともあるでしょう。

しかし、そんな時こそＳＷＯＴ分析の出番です。優れた行動アイデア、施策を立案するために、このツールは非常に優れていると言わざるを得ません。このツールの有効性と使い方、また経営戦略立案の面白さを理解していただくことを目的として、本書を執筆しました。

本書では「なぜ多くの人がＳＷＯＴ分析ができないのか？」といったことを経営戦略との関係を踏まえて解説した後、意味のあるＳＷＯＴ分析をするための準備や考え方、具体的事例を見て、その有効性について実感していただき、「強み」「弱み」「機会」「脅威」の意味について解説していきます。

そして最後に、実務で使用する際に留意することなども含めて、うまく付き合っていくコツをまとめています。

本文中では理解を深めていただくために、様々な経営コンセプト、フレームワークとＳＷＯＴ分析との関係を多く解説し、身近な具体例、たとえ話を多く用いています。

私自身のキャラクターのせいか、コンサルタントという仕事のせいか、内容自体は本格的なものが多くなっております。

しかし、本格的な知識を持っていない方でもしっかり理解でき、面白く読めるように書いたつもりです。

本書を精読することで、**ＳＷＯＴ分析及び経営戦略の理解が深まり、立案する施策、行動のアイデアが一段階上のレベルへと上がっていく**、そんなリーダーがたくさん出てきてくれることを心より願います。

２０１３年5月吉日

伊藤　達夫

◎これだけ！　SWOT分析　もくじ

第２章

意味あるＳＷＯＴ分析をするために

第３章

ＳＷＯＴ分析の結果を活かすには

装丁 —— 遠藤陽一（デザインワークショップジン）
本文図版——李佳珍

第１章

なぜＳＷＯＴ分析ができないのか？

ビジネスパーソンとして仕事をする中で、必ず１度は耳にする「ＳＷＯＴ分析」。

経営戦略の基本、ごくごく当たり前のことと言われながらも、なぜか実践できていない人が多いようです。

第１章では、多くの人がつまずいているであろうポイント、実践できない背景を探っていきます。

SWOT分析は「経営戦略」のために行うもの

「強み《S》」と「弱み《W》」って何だろう？

お昼を食べに入ったマクドナルドで、２人の女子大生が次のような会話をしているのが耳に入ってきました。

「昨日ね、○○生命の説明会だったのよ」

「へー、どうだった？」

「微妙だったかな。最後のほうで、男の子が『御社の強みはなんですか？』って聞いたら、社員の人が『どうでしょうね、弊社の強みですか』って考えちゃって。結局、『人が強みなんだと思います！』って言ってさ。なんか苦しいよね。そんな分析もできないなんて、微妙じゃない？」

「わかるー。微妙だよねー」

私はこの会話を聞いて、〝今時は女子大生もＳＷＯＴ分析を使うようになったのか！〟と感心しました。

また、先日、広告代理店の方がお越しになって、「御社の弱みはブランド力です。それを克服するためのご提案をお持ちしました！」と勢いよくＳＥＯの提案をしてくださったこともありました。

「そりゃあ小さい会社だからブランド力なんてないさ。分析されなくてもわかっているよ」と少し悲しくなりました。

これらのように、「強み」「弱み」という言葉は日常的に使われています。ただ、よく使われている一方で、これらの言葉が無自覚に使われていることが多いようにも感じています。

ひどいケースだと、〝何も考えずに格好よさそうだから使っているのでは？〟と思ってしまうこともあります。

そういう人に、「**その強みというのはどういう意味？　本当にそれが強みなの？　どうしてそれが強みだと考えているの？**」などと聞くと黙り込んでしまうでしょう。

この「強み」「弱み」という言葉が明確に理解されていないにも関わらず、こんなにも使われるようになったのは、いったいなぜなのでしょう。

そもそも戦争に勝つための技術を経営に活かしたものが「経営戦略」

「強み」「弱み」という言葉の普及には、本書のテーマである「ＳＷＯＴ分析」がよく使われるようになったことが大きく関わっています。

ＳＷＯＴ分析とは、**「強み」「弱み」「機会」「脅威」**の４つの要素を書き出して、それを元にどう行動すればいいのかを考えるためのツール、いわゆる経営戦略を考えるためのツールです。

「経営戦略」と言われると、少し難しそうな気がするかもしれません。実際に「戦略ブーム」と言われた１９９０年代には、経営戦略という言葉だけでありがたがられた面があります。ただ、現在では、ＳＷＯＴ分析をはじめとする手法も一般に広まり、多くの人が使うようになってきました。特に中小企業では驚くほど浸透していると思います。

しかしここで考えてみてください。「経営戦略」とは何でしょうか？　なぜ、「経営」に「戦略」が必要なのでしょうか？

戦略とは、国の間で起こる戦争に勝つために考えるものでした。

SWOT分析とは？

「強い（Strength）」「弱み（Weakness）」
「機会（Opportunity）」「脅威（Threat）」を書き出して
経営戦略を考えるツール！

古くは、中国は孫子の「孫子の兵法」、イタリアはマキャベリの「君主論」などが有名です。これらはみなさんも聞いたことがあるかと思います。「敵を知り、己を知れば百戦危うからず」「結果さえよければ手段は常に正当化される」など、いわゆる名言集にあるような言葉がたくさん生み出されてきました。

国の間の戦争と、企業の間の競争はとても似ています。似ているなら、戦争に勝つためにやってきた研究成果を経営にも使えるのではないか、というところで「経営戦略」という言葉が生まれたのでしょう。

少し違うところは、国家間の戦争では相手の国を直接叩き潰すこともできますが、企業間の争いにおいては、ライバル企業を直接叩き潰すことはできないということです。自社とライバル企業は、お互いが直接争っているのではなく、実際はお客さんからの支持を争っているからです。

これは少し恋愛に似ています。振り向いてもらいたい人と、その人にアプローチする別の人、という三角関係のようですね。

経営戦略は「ずっと勝つためにどうすればいいのか」を考えること

現在では経営の事例研究や経営学の中でいろいろなことがわかってきて、それぞれが自分たちの研究成果に基づいて経営戦略を定義しています。

それらの定義の1つに、「**経営戦略は〝持続的競争優位を保持するための打ち手の束〟である**」とするものがあります。これは、経営戦略を作ることで高額の料金を取っている「戦略ファーム」と言われるコンサルティング会社で使われていた定義です。なんだか難しそうですが、難しそうなほうが教えてお金を取る側に都合がよいので「難しいぞ！」と脅してきた面もあります。

しかし、じつはたいして難しいことは言っていません。人間が普段から自然にやっていることを言葉にしているだけです。

「持続的」というのは「ずっと」という意味です。「競争優位」というのは「競争に勝てる」ということです。「打ち手の束」というのは「やることのリスト」です。

つまり、かいつまんで言うと**「ずっと競争に勝つためにやれることのリスト」が経営戦略**というわけです。こうしてみると簡単そうですよね。

でも、「どうやって競争にずっと勝つの？」と言われると、それを考えるのは難しそうです。定義は簡単にできますが、実際にずっと勝つために何をどうするのかを考える作業は確かに難しいのです。

でも、大丈夫。いきなり「ゼロから考えろ！」と言われたら大変ですが、そのために経営戦略を作る手順はもはや標準化されています。マニュアル化されている面があるのです。

この、ある程度マニュアル化されているプロセスの中に、今、自分と自分の周りがどうなっているかを考えるためのツールとしてＳＷＯＴ分析も登場します。それを知った上でどうしましょう？　というのを考えればいいのです。

つまり、〝経営戦略とは何か〟がわからないと〝ＳＷＯＴ分析をどう使っていいのか〟

もわからないということになります。

「経営戦略を考えよう！」「ライバル企業にずっと勝ち続けるためにやることを考えよう！」と思っていないのにＳＷＯＴ分析をやっても意味がないのです。

経営戦略へのよくある批判で「分析ばかりしていて行動をしない経営戦略なんて意味がない」という指摘があります。

確かに、「分析」は〝やることを決めるための作業〟ですから、行動をしないと意味がありません。

ただ、ここで思い出していただきたいのが、先に見た経営戦略の定義は「ずっと競争に勝つためのやれることのリスト」であるということです。

経営戦略における分析は、勝つための「行動」を考え、実行するための分析です。

ＳＷＯＴ分析はまさにそのための分析で、分析のための分析ではないのです。そのことを心にとめて、これからＳＷＯＴ分析を勉強していきましょう！

1

ＳＷＯＴ分析は経営資源と市場機会を見て

目的に沿ったＳＷＯＴ分析の使い方を

しかし、いざＳＷＯＴ分析を正しくやろうとして本を読んでみても、なかなかできないということが多々あります。また、勉強熱心な人がＳＷＯＴ分析を調べてみると「アレ？ 人によって言っていることが違うぞ？」と思うことでしょう。

実際、学派や流派、言う人によってＳＷＯＴ分析という言葉が意味することが少しずつ違っているのです。ある流派の本では「普通のＳＷＯＴ分析は意味がない！ 我々のやり方こそ意味があるＳＷＯＴ分析なんだ！」と主張していたりもします。

ですから、「絶対的に正しい」ＳＷＯＴ分析などできるわけがないのです。

でも、同僚や部下、怪しげなコンサルタントが出してくる資料に書いてあるＳＷＯＴ分析が、どんな視点で、どういうふうに書かれているのかが読めることは、すごく大事なことです。これだけ市民権を得ている分析ツールですから、我流が世に溢れるのは仕方のないことです。

しかし、そんな状況の中でも、「正統は何か?」ということを踏まえつつ、意味のあるSWOT分析との付き合い方を学ぶというのが大事だと思います。

どんな流派のSWOT分析であれ、**「自分が、目的に沿った形で使えるようになること」が結局一番重要なこと**で、それをみなさんにお教えすることが本書が目指すところです。

SWOT分析の始まり

SWOT分析が生まれたのは1950年代から1960年代と言われています。

ハーバードビジネススクールで教えていた、エドモンド・ラーンド、C・ローランド・クリスティンセン、ケネス・アンドリュースの3人が、複雑な状況の中での迅速な意思決定を可能にすることを目指し「SWOTモデル分析」なるものを開発します。

言葉づかいが少し難しいですが、「よくわからない状況の中で、素早くやることを決められるようにSWOT分析の原型を作った」と理解しておけば大丈夫です。

この「SWOTモデル分析」は、ざっくり言うと「**〝経営資源と市場機会の最適な適合は何か〟に基づいて経営戦略を作ろう!**」という考え方です。

「経営資源」とは

少し噛み砕いて説明しましょう。

「経営資源」とは、文字通り、経営するために使う資源のことです。カタカナだと格好よくて「リソース」と言います。

経営に使う資源は、「ヒト」「カネ」「モノ」「情報」の4つとするのが普通です。

企業は、人を雇って儲けようとしますよね。そして、企業には予算があります。「これこれこういうことをやろう！」と言っても、おカネがなければできません。

そして、メーカーなら生産設備が必要ですし、今やオフィスにパソコンやプリンタなどがなければ仕事ができません。そもそもオフィスなど人がいるための空間も必要です。

また、ノウハウも企業が経営をしていく上では欠かせません。不動産屋さんをやったことがない人が不動産業をやろうとしたら、不動産関連の法令から不動産の仕入れ方、値段のつけ方から売り方まで、いろいろなことを知らないとできません。

このように企業は、「ヒト」「カネ」「モノ」「情報」を組み合わせてお金を儲けています。そして、お金を儲けるための特有の能力が企業ごとに発揮されています。財務、経営、機能、組織などにおける能力だったり、ブランドだったり。

このような、**ビジネスでお金を儲けるために、ビジネスを回すために必要な能力のことを、経営用語で「ケイパビリティ」と言います**。

中学の時に英語で、「○○ができる」という助動詞のCanを習ったと思います。このCanを習う時に、「できる」の書き換え表現として「be able to／be capable of」などのイディオムも習いましたね。懐かしいです。この「びー　けいぱぶる　おぶ」のケイパブルの名詞形がケイパビリティです。つまり、「できること」という意味です。

すると、「**企業は雇っているヒト、使えるおカネ、持っているモノ、知っている情報の組み合わせによって、固有のできることがある**」ということになります。「経営資源」とひと言で言った場合には、これぐらいの含意があります。

普通に考えれば当たり前ですね。企業として存続できているなら、なんらかの固有のできることがあるのは自然なことです。

○……「市場機会」は繰り返し訪れる

では、「市場機会」とは何でしょうか？「市場」は「シジョウ」と読みます。でも、「イチバ」とも読めます。市場では何が行われるかというと、買い手と売り手が集まり、売買が行われます。物々交換、モノとモノの取引が行われる実際の場所をイチバ、場所にかかわらず、お金と商品・サービスが交換されるところをシジョウと理解すればいいでしょう。

その時その時で、市場でみんなが欲しがるモノ、サービスは違います。いつの世も、流行り廃りはあるわけです。

「コエンザイムQ10」が少し前の日本でもブームになりました。「たまごっち」なんていうものもありましたね。でも、そのブームはもはやありません。

「今の若者は車を買わない」と言いますが、ひょっとしたら、車も日本では「廃り」の局面にあるのかもしれません。でも、彼ら若者はお年寄りが絶対買わないモノを買います。たとえば、LINEのスタンプを買います。

LINEというのは、スマートフォン用のコミュニケーションツールです。読んだか読んでいないかがわかるメールみたいなものです。

そのLINEでは文字だけでなく「スタンプ」と呼ばれる絵を送ることができます。私も利用しているのですが、クマがウサギに膝蹴りをするスタンプを友人によく送ります。

このスタンプ、無料のものもあるのですが、１７０円ぐらいの有料のものもあります。そして、それを買う女子高生、女子大生がたくさんいるのです。たかがメールに貼り付けるだけの絵にお金なんて払うのか、と思うかもしれませんが、彼女たちにとってはそれが流行りなんですね。売れるようになってきたモノやサービスがあったら、それは市場機会であるのかもしれません。儲けのチャンス到来です。

時代によって人は変化し、欲しがるモノやサービスが変わります。それを企業が提供することによって、みんなが豊かになっていくのです。

多少高くても売れるモノやサービスがあれば、みんなが競ってそれを提供し、値段が下がっていき、やがてお金をあまり持っていない人も含めて、世の中全体に行き渡り、みんな別に欲しいと思わなくなる。この繰り返しによって、社会は豊かになってきました。

だからこそ、新しく何か売れるモノやサービスが出てきたり、出てきそうだったりするのならば、それは企業にとってはチャンスかもしれないのです。

みんなが欲しいモノ、サービスの変化によって、企業にとってのチャンスがもたらされるかもしれない。それが市場機会です。

経営戦略とは？

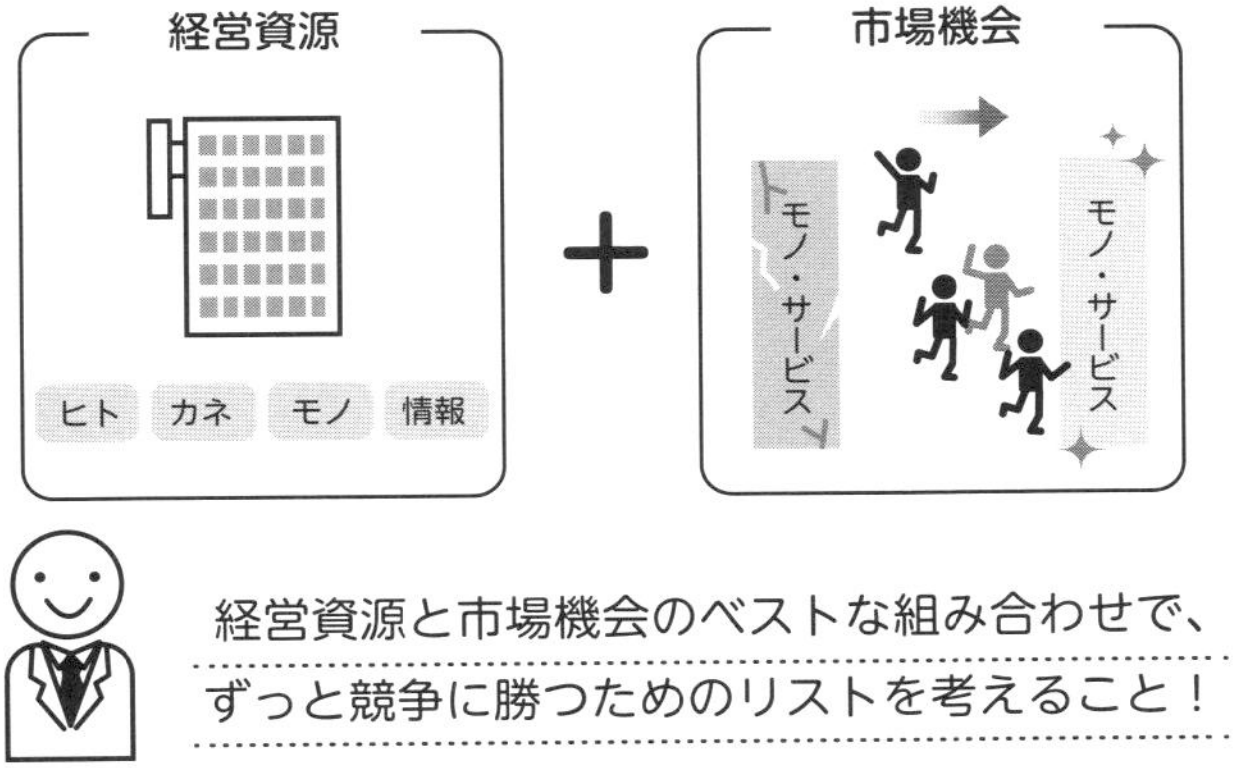

ここまで読んできたことをまとめれば「経営資源と市場機会の最適な適合」とは、「企業が持っている資源に応じてできる固有のことと、みんなが欲しいモノやサービスの変化によって起こるチャンスを最適に組み合わせる」ということ。『「経営資源と市場機会の最適な適合は何か？」に基づいて、経営戦略を作ろう！　という考え方』とは、『「企業が持っている資源に応じてできる固有のことと、みんなが欲しいモノやサービスの変化によって起こるチャンスを最適に組み合わせる」ことで、「ずっと競争に勝つためのやれることのリスト」を考えよう！』ということです。

元々、ハーバードで始まったＳＷＯＴ分

析の原型は、こういう考え方をベースにしているのです。

「S」「W」「O」「T」は内外の要因次第で変わる！

さて、ここからは「強み」「弱み」「機会」「脅威」について説明しましょう。

企業がやれる固有のことは、**「ライバルが何をやれるのか」**によって、周囲からの見え方、お客さんからの見え方の面で大きな影響を受けてしまいます。同じことをライバルが自分たちより安くやれるなら、自分たちの商品、サービスは、相対的に支持されません。つまり買ってもらえる可能性が低くなるわけです。

「ライバルさえいなければ」という言葉をたまに聞きますが、ライバルがいなければ自分の提供する商品は唯一という見え方になりますから価値が高くなります。「憎き恋敵」なんて表現もありますね。あいつさえいなければ！　というやつです。

昨日までクラスでちやほやされていた女の子が、突如として現れた転校生に一番かわいい女の子の座を奪われる！　というのも、たまにあることです。

何が言いたいかと言いますと、**評価は相対的に、ライバルとの見え方の違い、ライバル商品との比較の中で決まってくる**ということです。

「S」「W」「O」「T」は状況によって変わる！

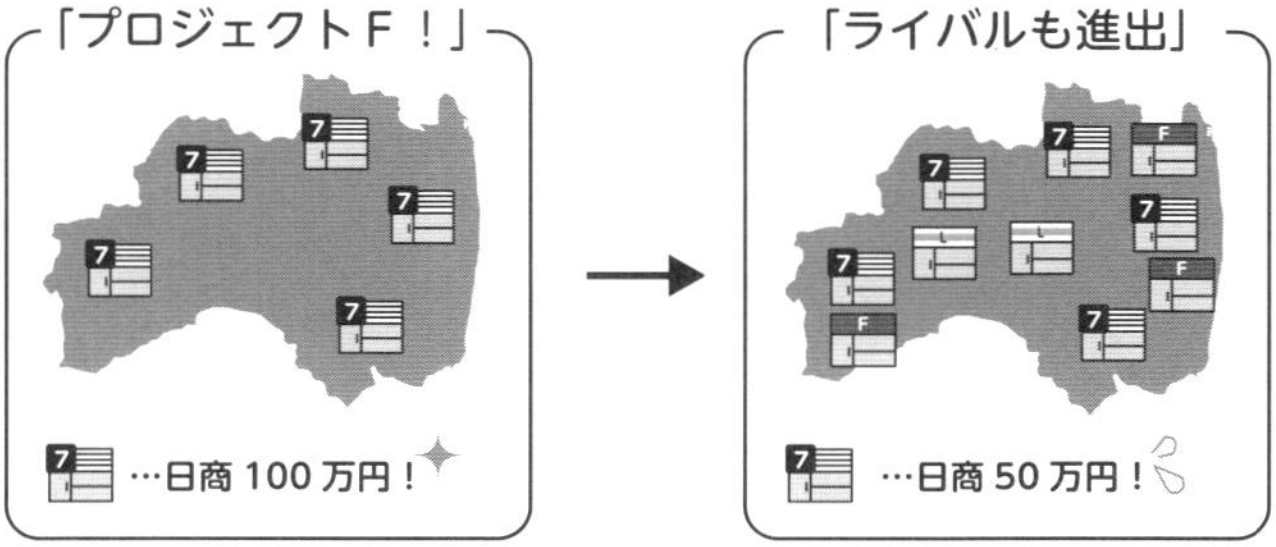

ライバルの存在によって評価が変わり、
それによって支持される数・売り上げも変わる！

ビジネスの例も出しましょう。今はロードサイドにコンビニエンスストアを出すと結構儲かると耳にします。「10店舗持っていれば蔵が建つ」と言われるほどです。

それで、初めて福島県にコンビニエンスストアが進出した時、「プロジェクトＦ」と名付けられ、緑色のコンビニチェーンがまとめて出店しました。各店舗の日商は100万円レベルだったそうで、「プロジェクトは大成功だ！」となったわけですが、当然、ライバルもそれを指をくわえて見ているわけではありません。

ライバルも「福島県で儲けよう！」となり、我も我もと進出し、緑色のコンビニチェーンの日商はたちまち50万円程度まで落ち込みました。

このように、ライバルが何をするかに応じて、自分たちの、自社の評価は変わり、それによって支持される数、売上も変わってくるわけです。

さらに、自社ができる固有のことがライバルたちと比べた時に果たして強いのか、弱いのか、というのは大きな問題です。それによって、儲けるために、勝つために、取るべき行動が変わってきます。強いなら正面から普通に戦えばいいですし、弱ければ少し工夫が必要になります。

また、市場の変化というものも、自社にとって都合のよいものもあれば都合の悪いものもあります。そうすると、市場の変化は自分たちのチャンスになるのか、それともピンチを招くのか、という判断が求められます。

大学のとあるサークルで、かわいくて人気がある女の子が彼氏にフラれてしまったとします。彼女のことをずっと狙っていた男の子からすれば、「チャンス到来!」なわけです。

しかし、サークル内での良好な人間関係が維持されることを願っているメガネ部長君にとってみれば、サークル内で彼女をめぐる争いが起こり、人間関係が悪化する恐れがあるのは嫌でしょう。つまり、脅威かもしれないのです。

同じ事実でも、人が狙っていること、目的としていることによって、その解釈は変わってくるわけです。

自社が経営資源に応じてできる固有のことの強さ、弱さはライバルによって変わってくるし、環境の変化は、自社のやっていること、やりたいことによって、チャンスと捉えられたり、ピンチと捉えられたりするわけです。

こういう、「強み」「弱み」「機会」「脅威」という視点で、自分ができること、市場の変化などを捉えるのが、まずSWOT分析理解の第一歩となります。

いろいろなSWOT分析がありますが、このことがわかっていれば、たいていの○○流SWOT分析は似たようなものですので、「恐れるに足らず！」です。

まず、経営戦略のエッセンスと「強み」「弱み」「機会」「脅威」のつながりをご説明しました。ここまでをしっかりと抑えて次にいきましょう。

2

単に「強み《S》」と「弱み《W》」を埋めるだけでは意味がない

SWOT分析の前に決めておくべきこと

ＳＷＯＴ分析の研修も中小企業では花盛りです。

そこでしばしば行われている、「最低のＳＷＯＴ分析研修」というのがあります。

枠が用意してあって、「強みと弱み、機会と脅威を埋めてみましょう！　埋まりましたね？　おめでとうございます！」とやるだけの研修です。

何を書けばいいかわからないし、それでどうするの？　という一番大事なところが置いてきぼりです。

先にも述べたとおり、強いか弱いかは相対的に決まります。ライバルが何ができるかによって自分たちができることが「強い」か「弱い」かの評価が決まってくるわけです。

すると当然、「誰がライバルなのか」を決めなくてはなりません。じつはこれが、意外と難しいのです。たとえば系列企業などの場合、一見すると競合がいないように見えることもあります。

同じことが機会と脅威についても言えます。

その環境が「機会」なのか「脅威」なのかは、お客さんの変化によって決まります。ですから、**「誰がお客さんなのか」**を決めないといけないのです。

また、もっと大事なこととしては、**「あなたは誰なのか」、つまり、「立場」も決めないといけません。**

社員個人なのか、部門のリーダーなのか、会社の代表なのか。どの立場で周りを見るかを決めなくてはいけないでしょう。

これらのことをしっかり決めた上で、しかも、「事実」を評価して、「強い」「弱い」「機会」「脅威」を決めないといけないわけです。

○……すべては〝儲け〟のために！

評価というのは、理想であったり、やろうとしていることであったりといった目的に照らし合わせて行われます。目的がなければ評価なんてありえません。

企業の中での評価は、「儲けることにどれだけ貢献できているか」によって決まるはずです。「はず」というのが少しせつないですが、そうあるべきだと思います。

企業のあらゆる活動は儲けるためにあり、そのゴールを達成するためにいろいろな企業内の活動があるのです。これは言い切っちゃいます。企業内では「オールフォーワン＝みんなは一人のために」ならぬ、「オールフォー儲け＝すべては儲けのために」です。

こういうことを言うと、「こいつはカネの亡者だ！」とか言われてしまうこともあり、悲しいです。また、「社会貢献だって大事じゃないか！」とおっしゃる方もいます。それも重々承知しております。

しかし、**企業が儲けを追求することは、社会貢献につながっている**のです。

こう言われても疑問に思うでしょうが、これが世界のほとんどの国で資本主義という考え方が採用されている理由でもあります。

個人個人が儲けたいという欲望を追求した結果、みんなにとって必要なモノ、サービスがみんなにいき渡るような仕組みが資本主義の「自由な市場」という考え方なのです。

少しわかりにくいかもしれませんから、具体的に見ていきましょう。

新しくて魅力的なモノやサービスが登場したとします。すごく頭のいい、アイデアマ

「自由な市場」とは？

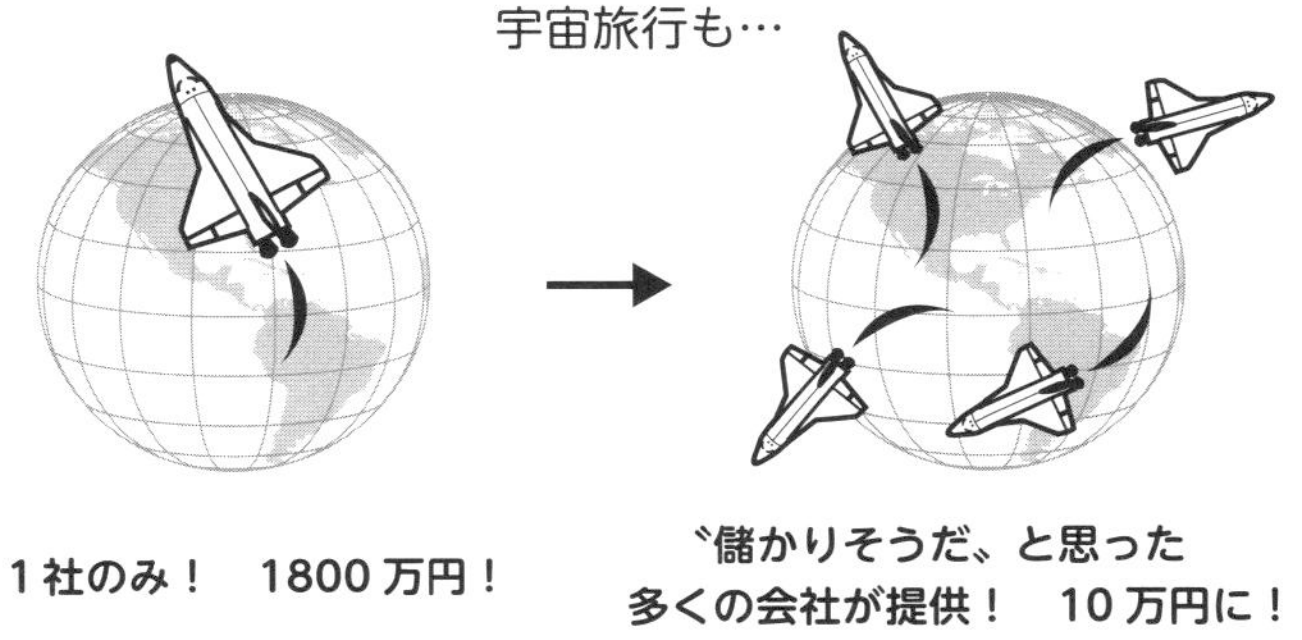
宇宙旅行も…
1社のみ！　1800万円！
〝儲かりそうだ〟と思った
多くの会社が提供！　10万円に！

企業がお金儲けを追求することは社会貢献につながる！

ンが考え出したとしましょう。

そうしたものの多くは、初めは高い価格付けしかできない場合が多いです。

たとえば、英ヴァージン・ギャラクティック社が提供する宇宙空間体験に参加するには、「20万USドル＝約1800万円」のお金が必要です。このサービス、4分間の無重力体験ができるそうですが4分間……短い……。

このサービスの〝最初の100人〟の募集をはじめたところ、500人を越える応募が殺到しました。同様の宇宙飛行が可能な航空機を作れる会社は少ないかもしれませんが、「うちもこれをやったら儲かりそうだ」と思いますよね。

そして、そういう会社がたくさん出てきて類似する宇宙旅行サービスを提供したとします。そうすると、価格が少しずつ下がってきます。希望者が多ければ儲かる金額も多くなる、いわゆる「**スケールメリット**」というやつが働くし、競争が出てきますし、儲かるとなれば研究も進んで技術革新も起こってきます。

そして、ついには海外旅行と同じぐらいの値段で、10万円ぐらいでできるようになったとします。そうすると、「いつかはハワイ」みたいに、「いつかは無重力体験」が普通の収入の人にも夢ではなくなりますよね。

つまり、人が欲しくて必要だと思ったものは、企業が儲かると思って参入が起こり、競争が激しくなり、企業が努力をするから、価格が下がっていく。価格が下がれば、普通の人にもその商品・サービスが買えるようになってくる。すると、お金がそれほどない人も豊かになってくる。そういう構造になっているのです。

宇宙旅行じゃなくても、日本では多くのトイレにウォシュレットがついています。そして便座が暖かい。これはある意味で相当豊かなことです。

あるいは携帯電話でもいいでしょう。今ではほとんどの人が携帯電話を持っているわけですが、昔は一部のお金持ちしか携帯電話は持っていませんでしたし、暖かな便座に座るのが当たり前なのも、お金持ちだけでした。

これは全て、企業が儲けようとして供給を試みた結果、価格が下がり、みんなにいき渡ったと言える事例です。**個人や企業が欲望を丸出しにして儲けようとすると、結局、社会の最低限度の生活レベルが向上していく**ことにつながるのです。

当然、みんなが欲しくなくなったもの、必要ではなくなったものは、消えゆく運命にあります。今時、洗濯板を100万枚作れる生産設備を持っていても、日本では無価値でしょう。こういう企業は廃業するしかないわけです。

社会はこの繰り返しをしているだけなのです。しかしそれはなんのためでしょうか?

○SWOT分析のゴールも〝儲け〟でいい

なぜ企業は欲望に基づき儲けを追求するのかと言えば、社会貢献のためです。

どのように社会貢献するのかと言えば、儲けを追求する企業がしのぎを削りあうことによって、みんなが欲しいもの、必要なものがみんなにいき渡るというプロセスを通じてです。

なぜこんなやり方が必要なのかと言えば、地球上には資源が無限にあるわけではないから、そして、欲望をエネルギーにしないとみんな頑張らないからです。

資源は希少です。希少というのは少ないという意味です。

地球上の資源は限りがある。無限に資源があるなら効率的に使う必要なんてありません。

いくら空気を汚しても、自然にきれいになるなら、環境規制なんて要りません。いくら動物を殺しても、無限に発生してくるならば、動物の保護も要らないでしょう。

資源には限りがある。だから、みんなで効率的に分け合わないといけない。そのためにどうすべきか、社会はこれまで壮大な実験を繰り返してきました。

経済学とは、その「資源、生産物を効率的に分け合う方法」を研究してきた学問なのです。

これまでに大きく分けて2つの方法が試されました。政府の賢い役人が、何を、どれぐらい、誰が作ればいいかを計画していく方法と、自由なマーケットで、企業が欲望に任せて生産活動を行う方法です。

その結果、意外なことに、企業が欲望に任せて儲けを追求するやり方が、結局は社会全体の生産量を最大にすることがわかってきました。

そして、政府が全てを計画し、みんなで平等に生産物を分け合う方法は行き詰まることもわかりました。それが、旧ソ連をはじめとする社会主義国家の崩壊だったのです。

このように、みんなが限りある資源をうまく使って豊かに暮らしていくには、企業が儲けを追求するやり方がうまくいくことがわかっています。だからこそ、SWOT分析をする時のゴールは「自分の会社が儲けること」でいいのです。

ということは、企業における人の評価も「儲けに貢献できているか」で評価すべきでしょう。

ただ、短期で見るのではありません。戦略は、「ずっと競争に勝つためのやれることのリスト」でしたね。だから、「ある程度長い期間で見た場合に、儲けに貢献できているか」で人材も評価されるべきです。

そして、自社の「できること」を見た時に、長い期間で儲けに貢献できるならば、それは強みとなります。

もし、それが儲けに貢献できなさそうならば、弱みになるかもしれません。そして、やめることも検討すべきでしょう。

儲かる、儲からないは、ライバル企業の活動、そのできることによって変わってきます。

また、お客さんの変化で、自社の儲けにつながりそうな変化ならば機会であるわけですし、自社の儲けを脅かしそうな変化なのならば、脅威になるわけです。

ＳＷＯＴ分析が前提としている物事はこれだけあるのです。

だから、これらの４つの項目は単純に埋めること、枠だけを用意して、「みなさん、埋めてみましょう！」と言うだけでは、できるわけもないのです。

3

SWOT分析は論理的であるべきか

"ロジカル病"にご用心

最低のSWOT分析研修は、単に「強み」「弱み」「機会」「脅威」を埋めましょうという形式のものだというのは先に述べたとおりですが、それに次いでダメなSWOT分析研修が、「ロジカルに考えないといけない！　ロジカルこそ経営の最高の価値だ！ロジカルにできないからダメなんだ！」と、講師が、ロジカルが大好きでしょうがない価値観を押し付けてくる研修です。

ヒドイものになると、論理学、論理記号、必要十分条件とかを教え出すこともあります。論理学までくると、事前知識のない一般の人はそもそも理解しにくいですし、意味があるレベルになるまで勉強していたら時間がかかり過ぎます。

こういった研修では、たいていMECEとロジックツリーを必須スキルとして勉強させています。

ＭＥＣＥとは、ミッシー、ミーシー、ミーシなど、人によって読み方は違いますが、意味することは概ね同じ。「漏れなく、ダブりなく」という意味です。

これを説明する時、「世界の国を分けてみましょう。そうすると、世界はアジア、アメリカ、アフリカ、ヨーロッパに分けられて、それぞれの国に分かれます」といったような例を出してきます。確かに漏れていないし、ダブっていません。

ＭＥＣＥは、何かを分析するための枠組みを作る上で確かに大事な考え方です。ＳＷＯＴ分析も確かにＭＥＣＥでできています。漏れなく、ダブりなく、２つの要素で全体を分け、さらにそれを２つに分けています。まず、自分の周りの環境を、内側と外側に分けています。そして、その評価をポジティブ、ネガティブに分けています。これだけだと少々わかりにくいかもしれませんので、噛み砕いて説明しましょう。

まず、自分と自分の周りにある物事を私たちは「環境」と呼んでいます。そして、その環境を内側と外側に分けると、環境の内部は、自分自身、つまりそれは、自分が持っている経営資源、リソースとなります。

そして、環境の外部は、お客さんだったり、ライバル企業だったりするわけです。

自社の経営資源、リソースとその組み合わせでできることを見た時に、ポジティブな

物事は強みになるだろうし、ネガティブな物事は弱みになるだろうということです。

実は〝ロジカル〟である必要はない？

「この枠組みは漏れてないし、ダブっていない。だからみなさん、この枠組みを埋める時も、しっかりＭＥＣＥを意識しましょう！　環境分析にはＰＥＳＴ分析や３Ｃ分析が必要です。これらを行うことでロジカルにできて、会社が正しい方向に向かうのです！」と、ロジカルであることを大事そうに言う方もたくさんいますが、ロジカルであることを重視する必要は、それほどないと思っています。

漏れていても、ダブっていても、それを気にして作業効率が落ちるぐらいなら、荒い分析と、荒い行動の立案でいいと思うわけです。

結局、やりながらいろいろなことに気付いて修正することや、次の経営戦略立案に活かせる経験をするなんてことは山ほどあります。

「そんなこと言われても、世の中のビジネス書ではロジカルが大事だって書いてあるし、中小企業診断士の先生もそうおっしゃっていたし」と不安になる方もいるでしょう。

そんなあなたに、有名な『論理クイズ』を２つ出題しましょう。

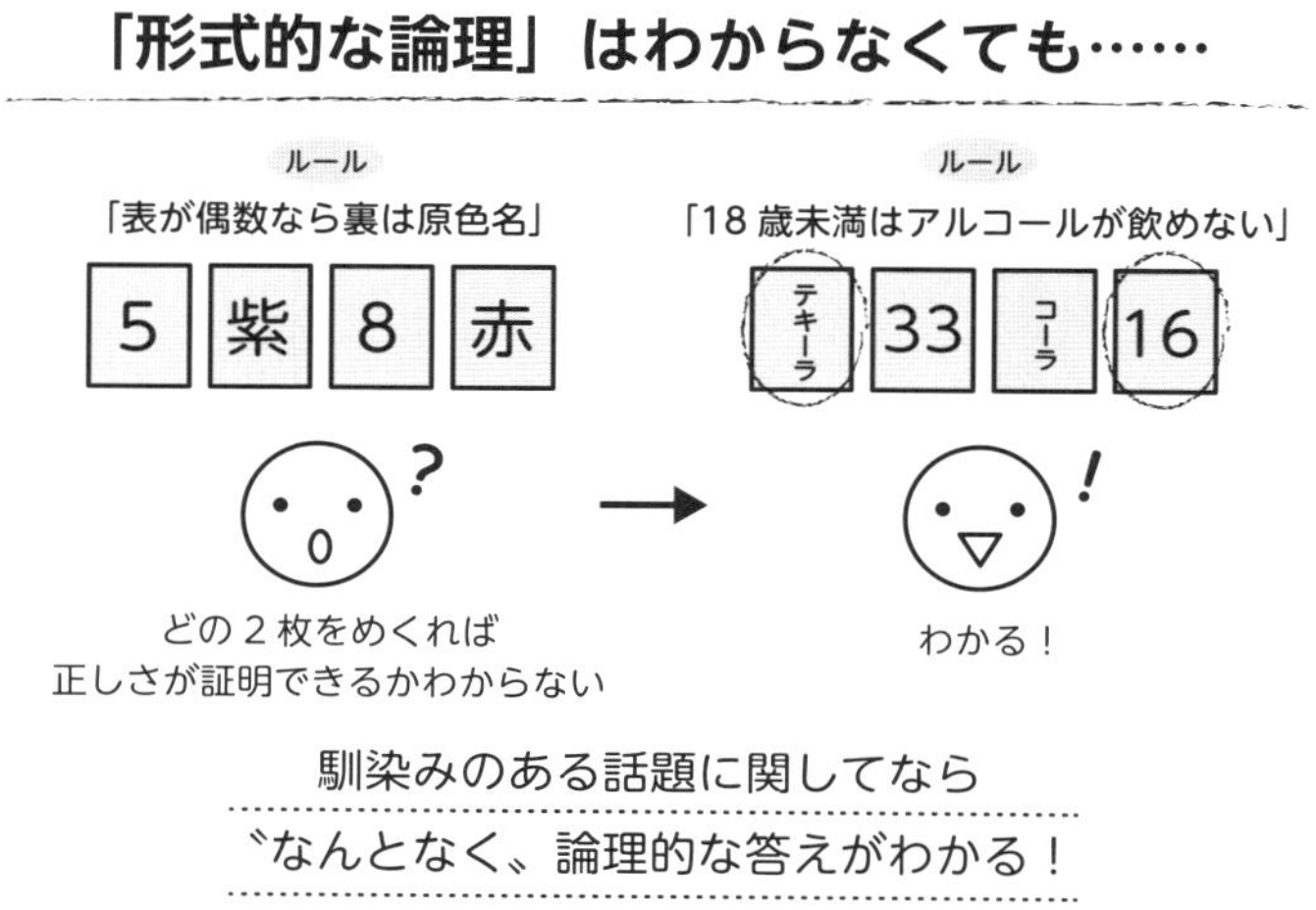
「形式的な論理」はわからなくても……
ルール
「表が偶数なら裏は原色名」
5
紫
8
赤
?
どの2枚をめくれば
正しさが証明できるかわからない
ルール
「18歳未満はアルコールが飲めない」
テキーラ
33
コーラ
16
!
わかる！
馴染みのある話題に関してなら
〝なんとなく〟論理的な答えがわかる！

最初は、

「カードの表に偶数が書かれていたら、裏面には原色名が書かれている。このルールが正しいことを示すためには、次のカードのどの2枚を選び、裏返せばよいだろうか？」

という問題です。

カードが4枚置かれていて、それぞれ「5」「紫」「8」「赤」と書かれています。

さて、みなさんは、どのカードを裏返すでしょうか？

この問題は意外と正答率が低く、1割から2割ぐらいの人しか解けません。これに似た問題を研修でやって、「できないでしょう？　それではダメですよ！　だから勉強しなさい！　ロジカルシンキング万歳！」というドヤ顔の講師の方もいらっしゃいます。

でも、私はこんなものができる必要は全くないと思っています。

なぜなら、先の問題が解けなくても、

「18歳未満はアルコールが飲めない。カードの表には年齢、裏には飲んでよい飲み物が書いてある。ルールが破られていないことを示すためには、どの2枚のカードを裏返せばよいか？」

という問題なら誰にでも解けるからです。

カードが4枚置かれていて、それぞれ、「テキーラ」「33」「コーラ」「16」と書かれています。これのどの2枚を裏返せば、ルールが破られていないとわかるか？　とすれば、8割の人が解けるのです。

論理問題としての構造は全く同じです。にも関わらず、2つの問題の正答率は著しく違う。これはなぜでしょうか？

現場に〝形式的な論理〟はいらない

そもそも、ロジカルと言った時に、「形式的な論理」を指し示すと思い込んでいるコンサルタントがたくさんいます。

そもそも、自分が馴染みのある話題に関してなら、「論理的に正しい答えを出せ」と言われても、たいていの人が〝**なんとなくわかる**〟のです。特別に論理的であろうとしなくても、論理的な答えが出せるのです。

みなさんは、自分が置かれている環境にある程度以上馴染んでいるはずです。この道ウン十年という方もいらっしゃることでしょう。

しかし、コンサルタントはクライアントの業界に馴染んでいないことがあります。

正直、最初の相談の時には、「クライアントが何を言っているのか」すらわからないこともあります。

でも、言っていることの「具体的状況」と「文章の形式」を分離して理解することができるので、〝おそらくこういうことを言っていて、こういうことがこの業界では正しいのだろう〟ということがミーティングが終わるころにはわかります。

コンサルタントはクライアントの業界、クライアント自身について知らないことが多い。だから、「形式的な論理」を理解する能力を身に着けていないと、正しい答えがわからないのです。

これはこれで1つの素晴らしい技術ではあるのですが、果たして、その会社でやってきた、業界や周辺環境に馴染んだ人が、こういった〝形式的に〟ロジカルな技術を必要とするでしょうか。

また、コンサルティングビジネスとリアルビジネスは専門とすることが違います。コンサルタントの提案書がロジカルでなかったら困ります。そこが専業なのですから、キッチリとそれをやる必要があります。

ですが、中小企業の社員は、普段の仕事があって、その上に分析業務とかが加わってくるのです。あまり余裕はありません。

ですから、細かい部分で形式的にロジカルであることを追求したり、MECEであるように頑張ったりするより、目的を見失わないことのほうが大事です。

MECEの生みの親とも言える戦略ファームでも、**「マネジャーになったらMECEをいったん捨てろ」**という教えがあります。それはマネジャーになると、企画の根幹の部分をやるようになるからです。企画の根幹の部分は形式的なロジックとはだいぶ違うものなのです。

そういう割り切りを心に持った上で、いわゆるロジカルシンキングを学ぶことは、それはそれで意味があることだと私も思いますので、この本でもひととおり解説させていただければとは思っています。

○……漏れない、ダブらないSWOT分析のほうが効率的

そもそも、なぜ経営戦略を立案する時に、MECEでなければならないフェーズがあるのでしょうか。漏れなく、ダブりなく分析をしたほうがいいのはなぜなのでしょう。

その答えは、「資源は有限だから」です。先ほどは、社会の限りある資源をみんなで分け合っている、と書きましたが、今回は会社の中で、というお話です。

当たり前ですが、会社の予算は有限です。そもそも無限のお金が自分たちだけにあったら、ビジネスなんてやりませんよね。

今、この瞬間も、会社では社員の人件費が発生しています。そうすると、効率的に分析作業を進めていったほうがいいに決まっています。

網羅的に全てのことを調べようとすると、時間がいくらあっても足りません。コンサルティングの会社の中でも、たまに大量の情報をひっくり返し続けてしまうプロジェクトが存在することがあります。

そういうプロジェクトを俗に「海の水をすべて沸かそうとするプロジェクト」と言います。チームのメンバーは疲弊し、寿命を削り、散々な結末となることが多いです。「海の水は全て沸かせるか」という問いの正しい答えは「無理だ」です。

情報は、探そうと思うといくらでも出てきます。これも関係ありそう、これも、これも、とやっていると終わりません。

だから、**漏れなく、ダブりなく、目的を忘れずに、〝全体〟を見ながら、〝部分〟の情報を集めていく枠組みをMECEに作った上で分析を進めていくことが大事**なのです。

SWOT分析の枠組みは、環境を内側と外側に分けて、その評価をポジティブとネガティブに分けるものです。そうすることで初めて、そういった視点での情報集めができるようになるわけです。

内部環境、つまり自分の周りでポジティブなことは何だろう、ネガティブなことは何だろうと問いながら、外部の環境でポジティブなことは何だろう、ネガティブなことは何だろうと問いながら情報を集めていくほうが、経営戦略を作っていく上では効率的です。

ＭＥＣＥに分ける長所は、何も考えずにやると限りなくあるように見える情報を、全体と部分を意識して効率的に集められることです。

ＭＥＣＥに分ける時に、何に注意するのかと言えば、「目的に応じて全体が変わり、全体を構成する部分も変わる」ということでしょう。

具体的に言えば、**何かをＭＥＣＥに分けようとする時、何のために分けるのかという問いがとても大事**だということです。

ＳＷＯＴ分析で言えば、「経営戦略を立案する」という目的のために、効率的に情報を集めるには、という問いを発しながら、〝全体〟と〝部分〟を考えるのです。

「ＳＷＯＴ分析の大きな目的は、〝自分の会社がずっと勝ち続けるためにやれることのリスト〟を作ることだから、自分の会社とライバルのことがわからないといけない。ライバルと争い合っているのはお客さんの支持だから、お客さんのことも知らないといけない。

自分が内側で、ライバルやお客さんが外側かな。でも、もっと外側のことも、少しはわからないといけないな。景気がいいかとか、法律が変わるとか、技術革新があるかとか。それらは、自分たちとライバル、お客さんにどんな影響を与えるんだろう。ライバルとの競争にどんな影響を与えるんだろう」

このような問いかけの中で、漏れていないか、ダブっていないかということを確認するのは、非常に意味のあることです。漏れていたら、大事な情報を見落としたままやれることのリストを考えてしまうかもしれないし、ダブっていたら時間と労力を無駄にするからですね。

形だけ正しくても意味がない！

次は「形式的なロジック」について説明します。

「ロジック」と「論理」は、ほぼ同じ意味と捉えられることが多くあります。そして、論理とは、「伝わる」と「正しい」に関わることです。

何かを話して、それが人に伝わるなら、それは論理的です。そして、それが正しいならそれもまた論理的です。ただ、人に伝わるけど正しくないこと、伝わらないけど正しいこともあり、それがまた難しいところですが、この本では深くは立ち入りません。

例えば、「昆虫は火を吹く」という文章があったとします。これは、伝わりますね。でも、おそらく地球上では正しくない。ひょっとしたら、火を吹く昆虫を私が知らないだけかもしれませんが、いわゆる昆虫は普通、火を吹かないはずです。

しかし、その具体的な状況が正しいかどうかはわからないけれど、それが文章というか、構文というか、そういうレベルで正しくて伝わることを「形式的なロジックとしては正しい」と言います。

ビジネスで具体例を出しましょう。

「私たちの強みは社員が火を吹くことです」

という文章があったとして、それは「形式的ロジック」としてはわかるけれど、具体的な状況として本当かどうかは怪しいですね。

「私たちの脅威は異星人が攻めてくることです」

という文章も、形式的には正しいけれど、言っていることはわかるけれど、それが具体的に本当かと問われるとわかりません。

しかし、形だけ正しくても、中身が具体的に正しくないとどうにもなりません。

おそらくは、社員は火を吹かないだろうし、エイリアンは攻めてこないでしょう。

ロジックの世界は、方法として探求すると、それだけで大学院で研究できるぐらいの深いテーマですので、深入りせずに、「自分が馴染んでいる環境の中で使えればいいや」くらいの心構えであたっていきましょう。

それがSWOT分析を使いこなしていく上でも大事だと思います。

4 誰が何のために勝ちたいの？

SWOT分析に欠かせない〝ファクト〟

ここまでで、自分の会社が「ずっと競争に勝つためにやれることのリスト」を考えていく時に関係がある、〝具体的なこと〟が大事だということはわかっていただけたと思います。

ちなみに、その〝具体的なこと〟を「ファクト＝事実」と言います。

事実を調べる時に大事なことは「これは本当なの？」と自分に問いながら事実をリストアップしていくということです。

例えば、ある会社に勤めるAさんに、会社をよくしていくためどうすればいいと思うかのヒアリングをした時、Aさんが「課長がこの課の諸悪の根源です」と言ったとします。

でも、「諸悪の根源」は意味を表現する言葉で、事実を表現する言葉ではありません。

きちんと、「諸悪の根源って、具体的に課長はどんなことをしたの？」と聞くべきです。

そうすれば、「課長は若くて美人なCさんの肩に触ったりしている」とか、「会社帰りにスタイルのいいDさんと公園のベンチに座って抱き合っていた」とか、「ある休日に一日中Eさんと河原に寝そべってイチャイチャしていた」とか、具体的な状況、事実が出てくるかもしれないわけです。

すると、そうした事実から、「これはなんとかしないとな」と思いますよね。

あるいは、「どうして課長の休日のプライベートをAさんが知っているのか」のほうが問題なことに気付くかもしれません。

意味が入ってしまっている言葉ではなく、具体的な事実に着目することが大事です。

これは、SWOT分析自体にも言えることで、**「誰が、何のためにSWOT分析をするのか」を明確にする**ことがとても大事です。

これまで、『「企業が持っている資源に応じてできる固有のことと、みんなが欲しいモノやサービスの変化によって起こるチャンスを最適に組み合わせる」ことで、「ずっと競争に勝つためのやれることのリスト」を考えよう』というのがSWOT分析の目的であると説明してきました。

確かにそれが目的なのですが、誰が、どういうことを問題だと思って、SWOT分析をやろうということになっているのかというのも、大事なんです。

中小企業で、ＳＷＯＴ分析をある時期にやるということがマニュアル化されていて、仕事に組み込まれていることなんてほぼあり得ないでしょう。

こういう活動をやってみようと思う時には、必ずきっかけがあるはずです。

普段練習をしないおじさん達がジョギングやトレーニングを始めるのがオリンピックやワールドカップを見た後であるように。

普通の中小企業で「さあ、ＳＷＯＴ分析をやるぞ！」という話があるのなら、おそらく、具体的に何らかの変化がお客さんやライバルにあったり、自分たち自身の成長ステージの変化だったりといったことがあると思います。

何らかの変化が「大きく」起こりそうな時、事実としての変化は何で、その変化は自分の会社にとってどういう意味を持つのか。それは機会なのか、脅威なのか。

例えば、社長が官公庁の規制改革の研究会などに参加している人から、業界の規制がすごく大きく変わるという情報をキャッチしたら、それが事実としてどういう意味を持つのかを社内で揉まないといけないでしょう。また、それに伴って何をしないといけないのかも決めなければいけません。

〝事実〟から受け取れるものの差

でも、社長の思いや危機感が社員に伝わらないということは非常に多く起こります。

それは、事実に対する認識の違いから生じます。

家族や近親者、親しい友人などの間では、事実からの意味の取り方に齟齬が出ることは少なく、しっかり、ツーカーで伝わる場合が多々あります。

例えば、

妹「お姉ちゃん。お姉ちゃんのクリーニングに出してたジャケット、返ってきた?」

姉「貸さないわよ」

妹「別にそんなんじゃないもん。聞いてみただけなのに」

姉「へえ? 聞いてみただけなんだ」

という、ある姉妹の会話。

この会話では、姉のジャケットがクリーニングから返ってくるという事実が2人にとってどういう意味なのかということが如実にわかります。

妹にとっては、この事実はチャンスです。〝お姉ちゃんのジャケットを着て出かけたい〟

同じ事実に対して意味の取り方が違っても……

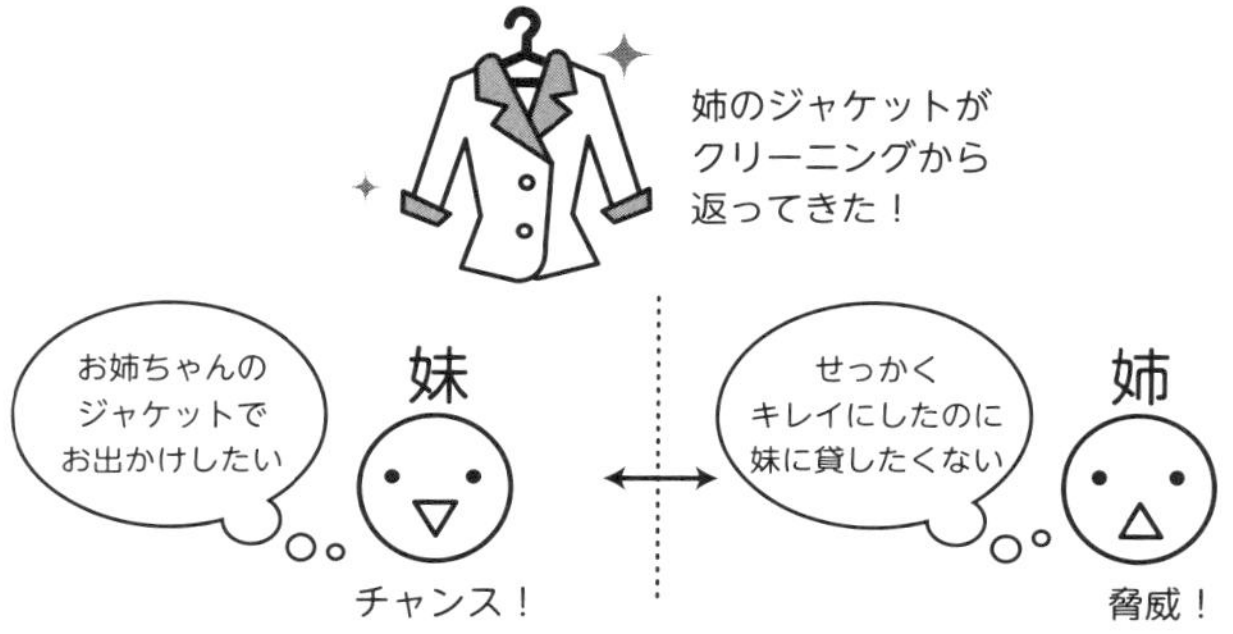
姉のジャケットが
クリーニングから
返ってきた！
お姉ちゃんの
ジャケットで
お出かけしたい
妹
チャンス！
せっかく
キレイにしたのに
妹に貸したくない
姉
脅威！

相手との間にある経験が豊富なら
〝何がしたいか〟が簡単にわかる！

ので、お姉ちゃんのジャケットがきれいになって返ってくることはチャンスでしかない。

でも、姉にとっては、妹の「おしゃれがしたい！」という意思に基づく行動は、脅威でしかありません。「ジャケットが返ってきた？」という事実の確認は、〝ジャケットを使いたい〟というオファーにしか思えない。だから、「貸さないわよ」という返事になるわけです。

妹にとってはチャンスでも姉にとっては脅威なのです。

このように、緊密な関係性ならば相手との間にある経験も豊富ですし、それに基づいて何がしたいかが簡単にわかります。

しかし、現場の社員と経営側、社長との関係はそうではないことがほとんどです。社員にも愛社精神はあるかもしれませんが、情報量が社長と同じではないですから、社長がある事実に対して感じる意味を感じきれないのです。

社長がやりたいこと、これまでやってきたことから考えて脅威だと思っても、現場の社員達はピンと来ないということが多々あるのです。

これは仕方のないことですし、むしろ健全なことです。社員全員が、目の前のことを頑張るよりも、「これからの未来がどうなるか」ばかりを考えていては仕事になりません。

経験、実体験が個人の中に蓄積されていないと、事実の意味は捉えられません。これは経営上かなり大きな問題ですが、超えることは難しいのでそこにコストをかけるよりは、やはり「経営側」の人がいろいろと考えるべきです。

例えば、とある社長が、「昔、繊維輸出の自主規制にあって、事業がおかしくなった」という話を先代社長の父親から聞かされて育ったとしましょう。

そういう人が、「輸出規制が起こる」と聞いたら、〝これはやばいんじゃないか？〟と思うのは普通ですよね。

事実としての情報にどういう意味を見るかは、その人の経験しだいです。能力とも関係しますが、社長だけが持っている情報はあるし、社長以外が知るべきでない情報、経営側以外は知るべきでない情報も会社には存在します。

ですから、何の工夫もせず現場の社員にSWOT分析をやってもらっても、その解釈に納得がいかないのは当たり前なのです。

それぞれの経験や、持っている情報の差を踏まえて、何を目的にして、なんのため、どういうやり方でやるのかを工夫することは経営側やリーダーの役目です。

ツイッターを少し見てみれば、そういう愚痴に満ち満ちています。

「現場の意見なんてはなから聴く気もないのに、調整という名のダメ出しなう」とか、「方針のすり合わせと言う名の一方的な演説がミーティングの大半を占める」とか。

誰が何のために経営戦略を考えようとしていて、その契機となるような事実は何で、どういうやり方でやるのか。

人の情報量、経験量に依存して、起こっている事実、起こりそうな事実の意味の読み方、「強み」「弱み」「機会」「脅威」などの読み取り方が変わってきてしまうので、それも考慮すべきなのです。

5

「弱みW」は克服しないといけないの？

「弱みW」を改善することは必ずしもいいことではない

ＳＷＯＴ分析が普及してきた影響で、個人の方が「私の弱みは、○○です」と言うようになってきました。個人レベルで弱いところがあるのなら、今の業務をやる上で、できないことがあるなら、克服しなくてはなりません。それは、必須です。

例えばそれが企業だった場合も、固有のできることがあったとして、それが相対的に弱いから弱者の戦略を取るというのは充分あり得る判断です。そして、選んだお客さんたちに対して、そういう前提で何かをしていくのは大事なことです。

「弱者必勝の法則」と喧伝される「ランチェスター戦略」も同じです。

「ランチェスター戦略」は、イギリスで考案された「ランチェスターの法則」などを元に、日本独自に考えられた経営戦略の考え方で、ＳＷＯＴ分析と同様、中小企業で大人気です。

「ランチェスターの法則」自体は、〝普通にやったら強者が弱者に勝つ〟というごくごく当たり前のことを数理モデル化して、戦闘後の残存兵力などを計算するものです。

そこから生まれた、日本固有の、経営戦略としてのランチェスター戦略は、ライバル企業との戦力差から、戦い方を定めるというものになっています。

それで、ＳＷＯＴ分析の結果、「弱い」ことが判明したから、それを自分たちの能力を伸ばすことによって克服しようとする人々も稀にいます。

例えばそれが、ルーチン化した工程の改善活動などならば、やるならやればいいでしょう。同じ時間、同じ投下リソースの中で、最高の効率を求めるのは素晴らしいことです。でも、会社としてできる固有のことに強い面と弱い面があるのが、資源の投入量から考えて必然的である以上、**「弱いところを改善しようとすることが本当にいいことなのか？」**ということを考えなければいけません。

何度も申し上げますが、資源は有限ですし、人のキャパシティーも有限です。会社のお金も有限ですし、時間も有限です。

そのいろいろな制限の中で効率的にお金を儲けられるからこそ、会社は存続しているのだし、成長していけるのです。

また、資源の投入、お金と時間をかける先がある程度〝いびつ〟だからこそ、今のお客さんからの評価がある、と考えられるのではないでしょうか？

ある商品について、「もうちょっと○○だといいのに」というお客さんの声があったとします。

でも、その要望を考慮するか否かは、常に価格とのバランスです。「買っている」という事実から考えたら、今の費用対効果でも大丈夫なのです。それ以上は会社の粗利を削ります。

中小企業はいびつなところ、言い換えれば「尖ったところ」があるからこそ存続できています。のべつまくなしに改善を繰り返して、「特徴のない会社」になることにメリットがあるケースは、はっきり言ってほとんどありません。

何をやって、何を武器にするのか、何をやらないのか。それはとても大事なことです。

これが大事な理由は、資源が有限だからです。会社のお金と活動時間も無限ではないから、優先度を決めなければいけません。

少し前、「経営戦略」という言葉が流行し始めた時、**「経営戦略とは何をやらないかを**

決めることだ」と言う人がけっこういました。

これはそのとおりで、企業は「有限の資源の中で、自分たちが優位なポイント、勝てる点をもって、お客さんから支持される」ことでやっていけているわけです。

〝いびつさ〟にも意味があるかもしれない

同じお金、活動時間で効率が上がることはいいことですが、それは、同じことが延々と繰り返される場合、つまり、経験が積まれたときのみ起こり得ます。

少し難しい言葉ですが、これは「経験曲線」という知見で有名です。

1980年代にあった日米貿易摩擦問題の中で、米国の自動車メーカーは「日本は自動車を不当に安く売っている！」と主張していました。

その一連の訴訟などの中で、米国の最高裁に提出され、証拠として採用された資料に、「経験量が増えれば、効率が上がってコストが下がる」というものがあったのです。

それが、米国の戦略ファームとして有名な、ボストンコンサルティンググループが提出した「経験曲線」でした。

日本車はたくさん作っているから効率が上がって、どんどん安くなったんだよ、ということですね。

これは、毎日同じことをやっていれば効率も上がっていくということです。だから、会社の業務でやらなくてはならず、毎日毎日やっていることの効率は、少しずつ上がっていくのです。

でも、その話と、事業としてのできることが、他社と比較して弱いから改善すべきだという話は別で考えるべきです。

何度も何度も言いますが、資源は有限だからです。無限に予算と時間を持っている会社はないのです。そして、それを買ってくれている、支持してくれているお客さんが、今の水準でもいるという事実は大事です。それが減りそうならば問題ですが、それでも買ってくれているのなら、何か支持してくれている理由があるのです。

それを見極めずに、「弱みだから改善しよう！」というのは、すごく安直で、危険な発想です。経営戦略を勉強していると、「集中戦略」というものがあります。

資源やリソースを1つのポイントに集中するという考え方です。

これを実践した結果、〝スピードはすごく早いけれど、荒い〟といった形になったサービスも存在します。

でも、それが支持されることも多々あります。「普通にやると1週間かかるものが荒いけど1日でできる」ということはそれを求める層には確実に支持されるのです。

何がお客さんから評価されるのか、何にお客さんがお金を払ってくれているかなどをしっかり見極めれば、「弱いところも織り込み済みで発注してくれている」ことが見えてきて、そこに資源とお金と時間を投下するかどうかを慎重に判断することができます。

また、順序を付けて資源を集中していくというやり方もあります。

あるメーカーのケースですが、何も考えずに全地域に進出していたら、やはりライバル企業が先に進出しているせいで、どうにも売上が増えないという状況がありました。そこで、このメーカーは集中戦略を取りました。

各地域の需要を調べて、大きい順に資源を集中して、順番にシェアをかっさらっていくという方針をとり、見事にシェアを逆転することに成功したそうです。

何度でも書きますが、資源は有限です。意図があって、意味があるなら、その資源の投入の仕方はいびつでいいのです。その「意味がある」というのが、たまたま、偶然の結果として、自社が支持される理由になっていたとしても。もしそうなら、いじるとかえって困ることになることも多々あるのです。

6

なんでもデフレのせいですか？

SWOT分析において外部環境をどう見るか

さて、ＳＷＯＴ分析と、それをやる意味のイメージができてきたでしょうか。

経営戦略を知り、その定石を踏まえつつ、ＳＷＯＴ分析をやり、その結果を使わないと、結局意味がなくなってしまうということがわかってきたと思います。

でも、難しいことはありません。学問的にわかってきたことというのは、結局は人間が経験をすれば、経験を積み重ねれば、自然にわかるようになることを集めただけなのです。その経験時間を少しでも効率的にするために先人の知恵を学ぶのです。

そういう意味では学びやすければそれでいいという面もあります。ただ、漏れているといけないですし、ダブっていると効率が悪いですよね。

そう言う意味では、この本の目次を書く時も、ＭＥＣＥに書いたつもりです。でも、全部を平板に書くとつまらなくなるので、重点を作りながら。

重点を置いたのは、経営戦略の根本的な部分をなるべく優しく理解してもらうということです。

うまくできているかはそれほど自信がないのですが、中小企業で、それなりに活躍しているけれど、ちゃんとした研修を受けられないリーダーや、中小企業診断士やコンサルタントに興味はあるけれど、いまひとつ、彼らの言うことが信用できないと思っている管理職層のためになればいいなあ、と。

それはさておき、中小企業の人が外部の環境を分析したりする時に、マクロ環境を分析すべし、としているものが非常に多く見られます。

そこでは、いわゆる「**PEST**」というフレームワークを使おうと主張されています。

PESTとは、**政治や経済の大きな流れなどマクロ環境、すなわち大きな環境の変化を、「P：政治」「E：経済」「S：社会」「T：技術」という4つの要素でつかむ枠組み**です。

回収期間の長いビジネスをやる上で、大きな流れを捉えることは確かに大事なことです。

自動車などは、数百億円をかけて1つの車種を数年がかりで開発し、5年以上のスパンで回収するビジネスです。

「PEST」とは？

これらの要素からマクロ環境の変化をつかむ！

つまり、売れるか売れないかは自分で引き受けて、先にお金を投資するビジネスですから、大きな流れをつかんでおくことはすごく大事です。

みなさんのビジネスはどれぐらいのお金をかけてどれぐらいで回収するビジネスでしょうか。

お金が入るまでにどれぐらいかかるでしょうか。

それによってマクロ環境をどう捉えるべきかが変わってきます。

SWOT分析に〝デフレ〟は関係ない

今は新聞でもテレビでも、「デフレ脱却」などと言っています。それを見て、ＰＥＳＴ分析のＥ：経済の欄には「デフレである」とか書いたりするわけです。

デフレというのは、貨幣の価値が上がり、モノ、サービスの価値が下がることです。つまり、物価が下がるということですね。

ただ、サービス業などの場合、サービス提供価格も上がっているので、全てをいっしょくたにするのも非常に難しい部分もあります。

ですが、「デフレが悪い」と書いてみたとして、デフレがどういう現象なのかを正確にわかっている人はそんなに多くはいません。

そこで、少しだけデフレという現象を見てみましょう。

まず、「なぜ物価が下がるのか」に関して諸説あります。

ひとつはいわゆるリフレ派、「貨幣の量が足りないからデフレなんだ！　刷ればいいんだ！」という主張です。

また、「ゾンビみたいな企業が延命しているからだ！」という説もあります。この主張は、「社会に必要とされていない潰れるべき企業がゾンビのように延命しているから景気が悪いんだ！　早く潰してしまえ！」という主張です。

この2つは、どちらも同じ問題に対して、同じ現象に対して、違うことを言っています。デフレの原因を「需要＝お金がないからみんなが欲しいという気持ちがわかなくなっている」という問題だとするのか、「供給＝企業の側が儲けたいと思って作るモノやサービスの中にゾンビのようなものが混ざっていて効率が悪い」という問題だとするのか、ですね。

「需要＝買う側の買う量」と「供給＝作る側の作る量」にギャップがあって、供給が過剰だから、あるいは、企業の生産能力が過剰だからデフレになっている。これは両方とも言っていることで、これを「需給ギャップ」と言います。

ギャップがあるなら、「どう埋めるか」が問題になりますから、需要を増やす解決策と、供給を減らす解決策の2とおりがあるのです。

政治家はなかなか「企業を潰せ」とは言いにくいですから、今の政府は「お金を刷れ」「財政出動をしろ」という方向へ向かっています。

それでいて、裏では規制緩和や成長戦略ということも言っているところが、今回の政府は、少ししたたかだなあと思うところです。

私はどちらかというと、「ゾンビみたいな企業が生き延びているから、景気が悪くなっているのではないか」と思っている派です。

頑張って再生に努めている会社があるのも重々承知しているのですが、明らかに良くないんじゃないかと思うケースのほうがよく聞きます。

中小企業の資金繰りの話で、7年で返さないといけないはずだったのを14年にリスケジュールする前提にしたりといったことは本当に健全なのか疑問なのです。

少し前の話ですが、ＪＡＬの再生も、別に再生なんてしないでも、ＡＮＡやその他のちゃんとやってきた航空会社がＪＡＬのお客さんを吸収すればいいだけの話だと思いませんか？

残酷ですが、腐ったものを蘇らせるよりも、生きている企業の養分になってもらうことのほうが、意味があるんじゃないかなあ、とも思うわけです。

話を元に戻しましょう。マクロ環境をＰＥＳＴで分析した時に、デフレであることを書くことには意味がないと思います。

「デフレのせいで景気が悪い」と言ったところで、その条件は、他の企業でもほぼ同じ場合が極めて多いです。

意味のあるマクロ環境の分析をするには、先に書いたように、ビジネスの回収期間に着目することが大事だと思います。

あなたが今、経営戦略を立てようとしているビジネスは、どれぐらいのお金をかけて、新商品を開発し、どれぐらいの期間で回収するビジネスなのでしょうか？

もしも、**すぐに仕込めて、すぐにサービスを試せるなら、マクロ環境の分析なんて要りません**。ですが、仕込む期間が1年以上かかったり、回収するのに3年以上を要するビジネスだったりするなら、大きな流れが変わった場合にどういう影響があるのかを多少は把握しておくべきです。

もしも、1年から2年先までしか考える必要がないなら、最大限分析するとしても、業界がどう変化するかの分析で充分です。

○……SWOT分析と「ファイブフォースモデル」

「SWOT分析における外部環境の分析では、ファイブフォースモデルを使いましょう」

ファイブフォースモデル（5つの競争要因）とは？

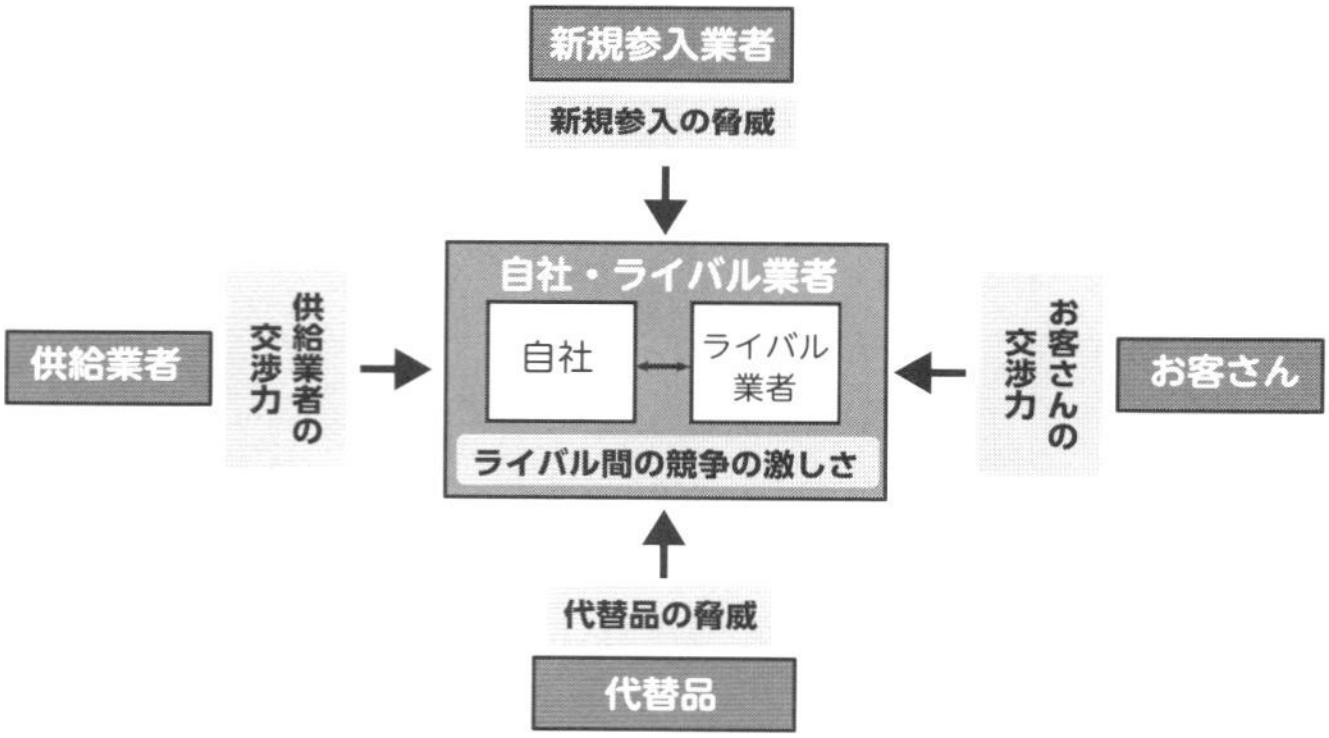

業界を外部環境として捉えて〝儲かりやすさ〟を考える！

と言うのもよく聞くことです。

ファイブフォースモデルというのは、ハーバード大学のマイケル・ポーター教授が考えた、業界の収益性を考えるための枠組みです。

SWOT分析で使うならば、自社が所属している業界を外部環境として捉えて、業界の収益性、つまり「儲かりやすさ」を考えましょうというものです。

業界の競争がゆるいなら、「みんな儲かる＝収益性は高い」でしょうし、競争が激し過ぎるなら、「みんな倒れてしまいそう＝収益性も低い」となるでしょう。

では、どんな要素で業界の収益性、儲かりやすさが決まってくるのでしょう？

ファイブフォースモデルの、ファイブは「5」、フォースは「力」、つまり、「5つの力でその業界の収益性が決まる」と主張しているものです。

その5つは何かと言うと、

①供給企業の交渉力

②お客さんの交渉力

③ライバル間の競争の激しさ

④新規参入の脅威

⑤代替品の脅威

の5つです。少し難しいので、ひとつずつ見ていきましょう。

まず、「供給企業の交渉力」から見ていきましょう。

自分の会社が売っている商品を作るのには、当然、部品などの仕入れをしないといけません。完成品を仕入れて売っている会社もありますが、どちらにせよ仕入れ先の力が強いと、収益性が高くなりにくくなります。

仕入れの際の価格交渉は戦いみたいなものです。その交渉でいつも負けていたら、なかなか儲からないでしょう。

次に、「お客さんの交渉力」というのを見てみます。

お客さんも交渉力を持っています。

納品先に、「消費税分はまけといて」と言われたりしたことはないでしょうか。

お客さんがいつも定価で買ってくれるのならいいのですが、「値引きは商売の基本」とばかりに、平気な顔で値引きを求められることがあります。

そういうお客さんの交渉力が強ければ、これまた儲かりません。業界の収益性は低くなります。

そして、「ライバル間の競争の激しさ」についてですが、これも激しければ激しいほど儲かりません。

お客さんに対しての値引き合戦になったりするし、いちいちコンペで勝たないと受注できなかったりするわけです。

これは、普通にイメージしやすいと思います。

たとえばパソコン業界で見てみると、ヒューレット・パッカードやデルのパソコンはめちゃくちゃ安いです。ＩＢＭがパソコン事業を譲渡した中国のレノボのパソコンもこれまた安い。日本のパソコンメーカーは軒並み青色吐息です。そこに、タブレットＰＣという新製品が出てきた。米アップルのアイパッドや、韓サムスンのギャラクシーなど、激烈な戦いになってきています。いかにも儲からなそうですね。

続いて、「新規参入の脅威」を見ましょう。

その業界に参入するのが簡単だと、儲かると気が付いたみんながやるからすぐに競争になり、儲けづらくなってしまいます。

でも、銀行やテレビ局など、新たな認可が非常に難しい業界は競争が厳しくなりにくいので業界としては安定した儲けが見込めると言えるでしょう。

銀行は内閣総理大臣の認可が、テレビ局は総務大臣の認可が必要と法令で定められています。銀行の資本金は10億円を下回ってはならないと銀行法で定められていたり、政令で最低資本金が指定されたりと、分厚い参入障壁があるのです。

最後は「代替製品の脅威」です。

自分が提供している商品、サービスが他の商品、サービスで代替されてしまうなら、それも儲からない要因です。

例えば、パソコンの記憶媒体としてのＵＳＢメモリーがありますが、もし、携帯電話にＵＳＢの差込口がくっついて、携帯電話に１００ギガバイトのデータが入るようになったら、ＵＳＢメモリーなんて誰も使わなくなるでしょう。

もしくは、ワイファイの普及率が１００％になって、クラウド上に誰もがデータを保存できるようになったら、ＵＳＢメモリーを使う人はいなくなるでしょう。

このように、同じことを別のことでできるようになってしまうと儲からなくなるわけです。

実際にあった事例も書きましょう。

今やみなさんの携帯電話にはカメラが搭載されていて、写真が撮れます。

でも昔は、写真はアナログのカメラで撮影して、フィルムに映像が焼き付けられて、そのフィルムを写真屋さんで現像してもらうものだったのです。街には写真屋さんがたくさんあって、現像するのにお金がかかりました。そういうビジネスを写真屋さんはやっていました。

それが、デジカメになると、なんと自宅のプリンターでも印刷できてしまうし、画面で見て楽しめてしまいます。つまり、現像しなくても済むようになってしまったのです。

この変化で、町で現像を商売にしていた写真屋さんの多くは、その商売をやめてしまいました。

代替されるというのは怖いものなのです。

このような視点で自分の業界をじっくり考える機会を年に1回ぐらい持つことは、それはそれで意味があるとは思いますので、

「SWOT分析で外部環境分析をやりましょう！　そのためにPESTとファイブフォースを知らなくてはなりません！」

と会計事務所や中小企業診断士の方が言ってきたら、ああ、こういう話だったなと思ってください。

7 仮説がないのに分析しますか？

SWOT分析は既に〝仮説〟を含んでいる

経営戦略を考えるプロセスの中でSWOT分析を使う時に理解しておいたほうがいいことを説明してきました。

「経営戦略というのは何なのか」ということから、自社の固有のできること、ケイパビリティがあって、その強さ、弱さはライバルとの比較の中で相対的に決まること。外部の環境の変化には注目しないといけないけど、マクロの大きな流れを分析しても、回収期間の短いビジネスではそれほど意味はないこと。

経営戦略を考える人の経験量によって、同じ事実でも見え方が違うこと。ファイブフォースなどは、自分の業界に関して年に1回くらいやっておくといいかもしれないこと。

さて、SWOT分析の実際のやり方に行く前に、もうひとつ知っておいたほうがいいこと、「仮説」について書いておきます。

仮説とは、「正しいかどうかの確証はないけど、そうかもしれない」というものです。「市場が急成長するかもしれない！」とか「競合企業が潰れるかもしれない！」とかいったものですね。

こういう書き方をすると少し難しい気がする方は、中学校のころに英語で習った「仮定法」と同じだと思っておいてください。

「もし、お金持ちだったら、ベンツを買うのに」とか「もし、あの時、彼女に怒ってしまわなければ、結婚していたかもしれないのに」とかのようなものです。

仮説を考える際に、過去の事実に反する仮定をしても意味がありません。「現在の事実かどうかわからないけど、そうなのかもしれない」、「未来の事実かどうかわからないけど、そうなるかもしれない」という仮定をしてみることです。

そうすると、それが実際どうなのかを調べればいいことになります。将来、自社の脅威になるような事実が、今発生しつつあるかもしれない、などですね。

調べる業務や、分析する業務に慣れている人は、最初に仮説を作った上で調べたり分析したりします。そのほうが圧倒的に効率がいいからです。

しかし、調べたり分析したりすることに慣れていない人だと、とにかく多くの情報を集めようとしてしまい、しまいには何を調べていいかわからなくなってしまう、ということがしばしば起こります。

じつはここでもSWOT分析が役に立ちます。

SWOT分析のいいところのひとつは、**元々の枠組みに少しだけ仮説が入っていること**です。

SWOT分析は「何をどう分けたか」を思い出してみましょう。

自分と自分の周りのことを環境と捉えて、それを内部と外部に分ける。

その上で、それらを評価する。ポジティブなこと、ネガティブなことに分けるのです。

すると、内部環境のポジティブなことが〝強み〟でネガティブなことが〝弱み〟、外部環境のポジティブなことは〝機会〟で、ネガティブなことは〝脅威〟です。

この、ポジティブ、ネガティブという評価には、仮定の要素が入っているわけです。

外部環境の事実を探そうとした時、何も考えないで事実を探すよりも、「うちの会社がチャンスになるような事実はないかな」「ピンチになるような事実はないかな」と意識しながら探すのとでは、効率が段違いです。

そういうふうに考えて、不要な情報を落としながら、漏らしながら探すことができると、だいぶ効率的です。

情報は調べようとすればそれこそ山のようにあるので、いかに捨てるか、落とすかが大事です。

例えば、自社の事業にほとんど影響がない、ちょっとした法令の改正なんて、四六時中あるわけです。それを拾うか拾わないかなんて、基準がないとわからないですし、拾うか拾わないかを考えているだけで時間を使ってしまっては、大事な資源である時間がどんどんなくなっていきます。

中小企業にこれだけＳＷＯＴ分析が普及したのも、のべつまくなしにやるよりも効率的にできる枠組みだからではないかな、と私は思っております。

外の仮説、内の仮説

経営戦略を考える上での仮説には、「外部環境の変化に関する仮説」と、「自分たちの会社の打ち手、行動のアイデアに関する仮説」の2種類があります。

言い換えると、「**外部環境がひょっとしたらこう変わるんじゃないかな**」という仮説と、

「自分たちがこんなことをしたら儲かるんじゃないかな」という仮説です。

一番効率的な調査、分析は、「外部環境がこういうふうに変わりそうだから、こういうことをすれば自社は儲かるんじゃないか?」という外部、内部両面での仮説がある調査です。こうした仮説に基づいて調べれば、それが正しそうか正しくなさそうかが分かってきます。

「お客さんがこういうふうに変わってきているかもしれないから、新たにこんなことをすれば儲かるかもしれない」といった仮説がないSWOT分析のプロジェクトは、平板で、事実の整理に終始し、関わった人が疲弊し、特に新しいアイデアなどを生まずに終わることが多いです。

「情報の整理だけでも意味がある」とおっしゃる人もいますが、正直、そんなプロジェクトはほとんど無駄です。

当然、人間には知性がありますので、ある経験をすれば、そこで得た情報や経験を踏まえて行動するようになり、その点では完全に無駄とも言い切れないわけですが、やった経験だけが残る経営戦略の立案プロジェクトというのは、会社にとってお金と時間の無駄です。

情報の整理だけで終わるのであれば、初めから経営戦略だのＳＷＯＴ分析だの言わずに、情報整理プロジェクトって言って欲しい、と思う社員も多いでしょう。

さて、この節では、仮説についてご説明しました。

仮説はあったほうがいい。仮説は中学校の英語で習った仮定法だと思っておけばいい。現在の、本当かどうかわからない事実に関する仮定か、未来の、全くわからない事実に関する仮定と同じ。

仮説には外部環境の変化に対する仮説と、自社の行動アイデアに関する仮説がある。その両方があるようなＳＷＯＴ分析のプロジェクトだと、とっても意味があって効率的だ、といった内容でした。

それでは、この章はおしまいです。長いページでしたが、お読みいただきましてありがとうございました。

ここまではＳＷＯＴ分析をネタにして、経営戦略で必要な考え方を説明してきました。

次章からは、具体的にＳＷＯＴ分析をどうやっていくのか、ＳＷＯＴ分析の結果をどう見ていくのかなどを、ちょっと身も蓋もない感じで見ていきます。

第1章
「なぜSWOT分析ができないのか？」
のポイント

□ どうやってライバル企業に勝ち続けようかを考えてないのにＳＷＯＴ分析をしても意味がない

□ まずは「強み」「弱み」「機会」「脅威」という視点で、自社ができること、市場の変化を捉える

□ 空欄を埋めるだけのＳＷＯＴ分析に意味はない。「儲け」というゴールを見据えて

□ ＳＷＯＴ分析に〝形だけのロジカル〟なんて必要ない

□「誰が」「何のために」ＳＷＯＴ分析をするのかを明確にしよう

□「弱み」を補うことが本当に正解なのか疑おう。〝いびつさ〟に意味があるかもしれない

□「デフレ」であることはみんな一緒。環境分析をする前にビジネスの「回収期間」に着目しよう

□「外の仮説」と「内の仮説」を立てて分析をする。これがないとただの〝事実の整理〟になる

第2章

意味あるＳＷＯＴ分析をするために

第１章では、ＳＷＯＴ分析に欠かせない経営戦略の基礎的な考え方や、ＳＷＯＴ分析の基礎的な要素について説明しました。

第２章では、実際にＳＷＯＴ分析を行う際にどのような点に気をつけるべきかなどを具体的に見ていきましょう。

本当に使えるSWOT分析を始めよう！

分析って何ですか？

さて、ここからは、「どうやってSWOT分析をやっていくのか」というところを具体的に見ていこうと思います。

そこで、まず最初に「分析とは何か」ということを押さえようと思います。

分析とは、本書では「**分けて理解できるようにすること**」と定義しておきましょう。

多くの要素が混然一体となっていてよくわからないということは多々あります。しかし、それをいくつかの要素が絡み合ったものとして捉えなおすと、少しスッキリしますよね。

例えば、「とにかく売れるようにしろ！」と言われても、何をしていいのかわからなくなってしまいますが、それを、売れるというのは、「商品自体が競争力があって」、「価格付けもしっかりしていて」、「商品を流す適切な場所があって」、「その商品が広く知ら

マーケティングの「4P」とは？

売れるようにするために、一旦要素を分けて整理して
捉えなおすとスッキリわかる！

れる」ということだと捉えると、何だかスッキリした気がします。いわゆるマーケティングの４Ｐというやつですね。分けるとわかる、行動できるようになる。そのための分析とこの本では捉えましょう。

　つまり、「ＳＷＯＴ分析とは何か？」といえば、「自分とその周りの環境を踏まえて経営戦略の立案をする時に、『強み』『弱み』『機会』『脅威』に分けて環境を理解できるようにして、経営戦略を立案すること」となるわけです。

　ここであらためて明らかにしておきたいのが、**ＳＷＯＴ分析の目的は、経営戦略立案のための環境の理解**だということです。

　わかりやすく言い換えるなら、「何をす

るにしても、自分と自分の周りのことがちゃんとわかっていないとね」ということです。

SWOT分析は「事業戦略」で活きる！

さて、「ずっと競争に勝つためのやれることのリスト」が経営戦略だと考えましょう、とお話ししました。

すると、「ずっと競争に勝つためのやれることのリスト」を考えるために、「環境を『強み』『弱み』『機会』『脅威』に分けて理解する」ということになります。

ただここで忘れてはいけないのが、経営戦略も大きく分けて、「全社戦略」と「事業戦略」の2つに分けることができるということです。

全社戦略というのは、いくつもの事業を持っている企業において、その事業ごとの環境を踏まえて資源配分を定め、ずっと勝つためにやることを決めていこうというものです。

また、事業戦略というのは、単一事業において、ずっと勝つためにやることを決めていこうというものです。

あまり違わないように感じるかもしれませんが、この2つは、実は相当違います。

たとえば、いわゆる「成長戦略」とか、「PPM」とか、そういったことは全社戦略で考えることです。

成長戦略というものは、「どうやって全社として成長していこうか?」を考えるものです。単一事業で成長します、というのは、よほどの成長市場でないとあり得ないし、今の日本だとほぼ無理でしょう。

実は、そうした全社戦略が求められる場において、現在のSWOT分析はあまり活用されていません。

○ SWOT分析は中小企業に効く

SWOT分析は中小企業では常に大人気です。

中小企業の経営戦略立案には、おそらくSWOT分析のアプローチが有効な面があるのです。かく言う私も、中小企業向けの提案にはSWOT分析の枠組みを使ったりします。みなさんご存知で話が伝わりやすいというのも非常に大きな要素ですから。

しかし、環境を分析する時にSWOT分析を行うのは、私の感覚だと、単一事業のイメージです。それも、どちらかというと規模の小さい事業であることが多いようです。

なぜなら、今の大企業の経営戦略立案のプロジェクトでSWOT分析を使っているケースは、ほとんどないからです。

全社が持っている事業で、どの事業が、どういう市場に属していて、どれぐらいのカネが稼げそうで、そのカネをどの事業に突っ込んでいって成長させていくのか、といったことの意思決定には、いわゆるSWOT分析は使えないかな、と思います。

普通に考えて、自分ができること、強いことをベースにどこかのマーケットに資源を突っ込もうと考えている場合以外は、〝強み〟〝弱み〟といったことは相対的にしか決まらないから、評価するには競合が必要です。

でも、それを全社戦略でやろうとすると、事業、商品別に競合を見つけ、〝強み〟〝弱み〟を評価して、自分たちの〝ヒト〟〝カネ〟〝モノ〟〝情報〟などのリソースを色分けして、さらにそれを統合して「自分たちの全社としての強みはこうなんだ！」とやらなくてはいけません。これは非常に面倒で非効率なことです。

その強みの組み合わせを使って新規事業を考えるとか、そういう試みは相当高度な作業ですし、うまくいかないことも多いです。

だったら、既存の顧客にどういう新商品を売れるのかを考えたほうがマシですし、既存商品を他の、新たな誰かに売れないかを考えたほうがマシです。

ですから、ここからは事業戦略、単一事業の経営戦略立案にフォーカスして、中小企業向けにＳＷＯＴ分析の枠組みを使って市場を分析するとどうなるのか、といったお話をしていこうと思います。

1 SWOT分析で抜け落ちる部分がある？

全社戦略とPPM

ＳＷＯＴ分析と同様に、〝我流〟ＰＰＭが中小企業に溢れています。

でである以上、そのエッセンスを押さえておくことは非常に重要だと思いますし、ＳＷＯＴ分析を単一事業の経営戦略に絞ると、経営で大事なことが抜け落ちることになりやすいので、少しだけ全社戦略とＰＰＭの解説をしていきます。

ＰＰＭは、第1章で説明した経験曲線を提唱したボストンコンサルティンググループが考えた、全社戦略を考える枠組みです。

全社の資源の配分を考えていくというもので、ボストンコンサルティンググループは経済学の知見をベースに経営ノウハウを作るという考え方で、こういう素晴らしいフレームワークを立て続けに出してきたわけです。

ＰＰＭは市場の成長率と自社のシェアを大事な要素として考えます。

市場の成長率というのは、その商品、サービスを求めるお客さんの数が増えていると高くなり、減っていると低くなります。

市場の成長率が低いのは、その市場の導入期と成熟期、つまり、その商品、サービスが売り始めのころと、その商品、サービスが終わってしまったころです。

例えば「洗濯板」はもうほとんど終わってしまった商品ですから、その市場はごくごく低い成長率でしょう。また、売り始められたころも、洗濯板の認知が広まるまでは、市場の成長率が低かったであろうことは想像に難くないでしょう。

市場の成長とお客さんの獲得コスト

市場の成長率が高いのは成長期です。購入者がガンガン増える時期です。

PPMに照らして考えると、成長期の市場で自社のシェアが高い場合、その事業は「スター」という区分になります。

どんどんお客さんが増えていて、かつ自分の会社がすごく強かったら、その事業にはお金をかけるべきですよね。

実際、広告宣伝費をかけた分だけお客さんが増えます。まさに「ガンガンいける」時

PPM（プロダクト・ポートフォリオ・マネジメント）とは？

		自社のシェア	
		低	高
市場の成長率	高	問題児	スター
	低	負け犬	金のなる木

自社のシェアと市場成長率から資源の配分を考える！

期なのです。

また、成長期の市場で、自社のシェアが低ければ、「問題児」という区分になります。お客さんが増えている市場なのに、自分達が弱い。「なんとかならないかなあ」という感じです。

一方、市場の成長率が低くなってきた成熟期ではどうでしょう。

成熟期の市場で、自社のシェアが高ければ、「金のなる木」という区分になります。

なぜそう言われるかというと、広告宣伝費をかける必要がないけれど、購買は一定頻度で起こり続けるからです。

〝普通に使うようになった商品をわざわざ違う会社から買わない〟という行動をお客

さんが選択することが多いためにそうなります。

成熟期の市場で、自社のシェアが低ければ、「負け犬」という区分です。もはや、将来的には撤退ぐらいしか道がない。お客さんは増えないのに、自分のお客さんは少ない。

ただ、この事業が黒字だった場合、資本効率にうるさくない企業であれば、別にゆるゆる続けていいと思いますけどね。

さて、これを「**お客さんの獲得コスト**」という概念で考えるとどうでしょう。

お客さんを取るのにコストはかかる。営業をやっている、あるいはやったことのある人ならピンとくると思います。

経営戦略はそもそも「戦争と経営が似ている」から経営戦略と言うのだと述べました。

そして、経営が戦争と似ている点は、敵、ライバル企業と争うこと。何を争うかといえば、お客さんからの支持、お客さんの獲得を争います。

その獲得にかかるお金は、まさに会社の成長を生むお金なわけです。

市場の導入期は、お客さんの獲得コストがおそろしく高く、既存のお客さんがいないから大赤字になるのが普通です。

市場の成長に伴う売り上げと顧客獲得コストの関係

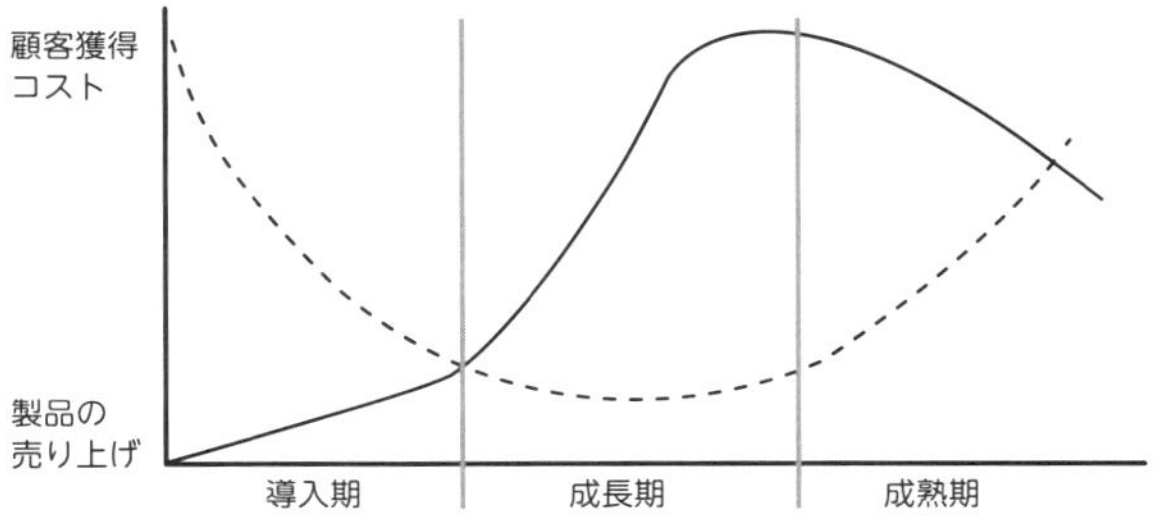

このような考え方をベースに、
市場への参入と撤退、企業の買収・売却などを考える！

逆に、市場の成長期は、お客さんの獲得コストがすごく低くなってきて、お客さんを獲得した分だけ定期的に買ってくれるお客さんになるから儲かり始めます。

市場の成熟期は、再度お客さんの獲得コストがおそろしく高くなりますが、既存のお客さんのリストがあれば、それだけで食えるというわけです。

さらに、前述した経験曲線も意味を持ってきます。

サービス提供、商品提供のコストは、やればやるほど低くなっていく。人間はバカではありませんから、一定期間同じことをやっていれば、どんどん効率が上がっていきます。ずっとやっていた事業であれば、商品製造コスト、サービス提供コストも低下してきます。だから、売れば売るほどコストが下がっていき儲かるわけです。

強者はますます強くなり、弱者との格差を広げていく。

意外かもしれませんが、そのほうが社会全体の生産効率としてはよくなります。

企業の競争が起こるお蔭で、お金があまりない人でも買えるぐらい商品が安くなります。だから、勝つことをためらう必要はありません。

こういった考え方をベースに、市場への参入と撤退、企業の買収、売却などを考えるのが全社戦略なわけです。事業をいっぱい持っている企業だと、5年先を見据えて、参入、撤退、買収、売却などを考えています。

また、その中で自社が成長していくための最適な事業の配分は何か、経営資源の投入はどうするのかを考えるのが、成長戦略です。

○ 市場の成熟対策としてのビジョンとCRM

PPMをベースとしたもう少し先の知見まで見ておきましょう。

最近、「ビジョン」という言葉が普及してきました。

「ビジョン策定」と「CRM」という市場の成熟対策の考え方があります。

成熟してしまった市場では、お客さんを獲得するコストが高くなります。とはいえ、既存のお客さんをメンテナンスするコストは、成長期の広告宣伝費ほどかかりません。

成熟市場では、お客さんの、自分たちの会社へのロイヤリティを上げる施策、つまり、いわゆる機能的な価値にプラスして、情緒的価値を上乗せする施策が有効です。

機能的価値と情緒的価値という2つの価値を説明するのに、スターバックスがよく使われます。

スタバのコーヒーは他のコーヒーチェーンに比べると若干お高いです。でも、スタバのコーヒーと言うと、なんだか美味しそうな感じがしませんか？

単にコーヒー自体の価値だったらそれほど高くありません。

コーヒーの機能を期待して、つまり、味、眠くならない、水分などの価値を期待して買うなら、どこのコーヒーでもそれほど変わらないかもしれません。

こういう、味や水分やカフェインなどの成分に人が感じる価値を**機能的価値**と言います。

しかし、スタバのコーヒーは機能的価値に留まらないのです。

「スタバは、あの空間のゆったり感、従業員の丁寧な接客、何より、イタリアのコーヒーを飲むという習慣を世界に！　というビジョンが素晴らしい！　お客様にサードプレイスを提供するんです！　ジャスト・セイ・イエスなんです！」みたいに、スタバが大好き過ぎる方が説明してくれる価値があるんです。

こういうのを**情緒的価値**と言います。まあ、経験経済的価値とか、そういう言葉もありますが、情緒的価値の一種だと思っておいてください。

さて、ビジョンの説明に戻ります。

成熟期ではお客さんのロイヤリティを上げたほうが儲かります。広告宣伝をガンガンするより、ビジョンを語ったほうが儲かるわけです。

そうすると、大上段に構えて、「うちはこんなふうに社会の役に立つんです！」と宣言するのがビジョン策定からのブランディングみたいな話になってくるわけです。

そして、「社員のモチベーションを上げるんだ！」という話にもなってくるんです。

私は形だけのお題目は嫌いですし、企業は儲けるだけで社会貢献しているというのが、学校で習う需要と供給のお話ですので、そういうのを真顔で言う人はあまり好きではありません。

でも、方便の一種として、儲けるためにならあってもいいと思っています。

さて、次はCRMの説明です。お客さんのリストが一定量あるという前提で、そのお客さんたちに何をしていくかを考えたものがCRMです。**カスタマー・リレーションシップ・マネジメント**というやつです。

成熟期には、お客さんのリストはそれなりにあるわけです。でも、お客さんはその商品をあまり買わなくなってくる。

思い出すと、「ああ、また買うか」と思う人は一定量いるのですが、プッシュされないと忘れてしまう。終わり始めている商品の切なさみたいなものを感じます。

その時に、コストのかかるマス広告などをわざわざ打たなくても、既に買ってくれた実績がある場合は、ダイレクトメールなどで思い出してくれるわけです。

「**休眠客を掘り起こす**」という言葉をどこかで聞いたことがありますよね。まさにあれです。

これは研究が進んでいて、どういう頻度で接触するといいといったことまでわかっていますので、顧客リストのある会社でこれをやっていなければ試してみることをお勧めします。

「CRM」とは？

C	Customer	顧客
R	Relationship	関係
M	Management	管理

お客さんの購買に影響する要素を分析し、
管理することを通じて、お客さんと長期的に
良好な関係を維持していく手法！

要約すれば、「一定頻度で企業がお客さんに接触すると購買が継続します」という話です。

しばらく購買がなかったお客さんに接触すると、一定割合が購買するといったケースはたくさんあります。

SWOT分析で抜け落ちる〝撤退〟

SWOT分析を事業戦略に絞って考えると大事なことが抜け落ちるということで、PPMから市場の成熟対策としてのビジョン策定やCRMまで触れてきました。

では、実際に何が抜け落ちるのか？

それが「撤退」です。

我流のSWOT分析が世に溢れているので、「弱み×脅威」を「WT戦略」と呼び、撤退まで検討などとしている人がいます。

単一事業の分析から出るアイデアで撤退を検討するなどあり得ません。

先に少し書きましたが、資本効率の問題、より効率のいい事業への資源の集中のために「撤退」という選択肢を検討することは、黒字の場合でもあり得ます。

これは全社戦略の視点ですね。全社戦略ならば、リソースをどこかに集中することが充分あり得ます。もしくは不採算事業を手放すこともあり得ます。

このように、前向きな撤退として、ある部分から撤退することで、有限な資源を特定分野に集中させ、それによって成長をもたらそうとする考え方があります。

後ろ向きの撤退としては、今後成長が見込めない市場を相手に、赤字を垂れ流し続けるであろうことがわかっている場合があります。

ですが、中小企業だとたいていはカネが続かなくなってやめることになります。

これは事業戦略では前向きに検討しにくいことです。

単一事業だと、撤退という選択肢ではなく、「なんとかしろ!」なんですね。

中小企業が儲からない事業でギリギリの線をいくのを見るのは壮絶ですが、自分事として事業を見るなら、単一事業の戦略を考える時に「撤退」などは、そもそもあり得ませんので、それは頭の片隅に入れておいてください。

2

SWOT分析をする前に

まず「成功のカギ」を意識する

しつこいようですが、「SWOT分析をする」というのは、単一事業に関して「ずっと競争に勝つためのやれることのリスト」を考えるために、「環境を〝強み〟〝弱み〟〝機会〟〝脅威〟に分けて理解をする」ことです。

私も、中小企業の方から、「やってみたんです！」とSWOT分析の結果を見せてもらったりします。すごく努力をされて、時間と労力をおかけになって、いろいろなことが書かれているので、私も一生懸命読みます。

ここでお伝えしておきたいのが、私がそこから何を読もうとするのかということです。

私は、「その会社の提供している価値は何か」「その業界での成功要因は何なのか」ということを読み解こうとします。

いうなれば「**〝成功のカギ〟となる要素は何か**」というやつです。

それはＳＷＯＴ分析の結果には直接的には書いていないけれど、それなりに読み取ることができます。

何をチャンスと捉え、何をピンチと捉えるのか。何を強みと捉え、何を弱みと捉えるのか。ここを深く読むことで、その業界、その会社で、お客さんに提供されている価値が何なのかがわかるわけです。

そういったことは、社員の間では「なんとなくわかっているような、わかっていないような」というような暗黙の前提になっている場合が多いです。

この要素は大事なのですが、ＳＷＯＴ分析では直接的には抜け落ちてしまう要素です。そして、現実的に直接に調べられるかというと、少し難しいのです。

お客さんに「この業界での成功のカギはなんだと思いますか？」と聞くわけにもいかない。

社員に聞くと、よくわからない抽象論を展開し始めたり、イデオロギー的になったり。

さらに、その中にドラッカー信者とかがいようものなら事態は混乱を極めます。

調べる業務の基本ですが、**本当に知りたいことを直接聞こうとすると、ものすごいバイアス、つまり偏見やら歪みにさらされるので、工夫が必要**だということです。

では、難しい言葉を使わずにその業界、市場での成功のカギを考えるための質問を工夫しなければなりません。

それには、「なんでこの商品が要るの？」から始めて、「なんでうちに頼んだの？」と進めていくのが楽です。

次に、「それを買う時に大事なこと、考えたこと、他にやろうと思ったことは何なの？」といったようなことを聞いていくと、いろいろなことがわかってきます。

そういうことと、ＳＷＯＴ分析の内容を突き合わせて見ていれば、経営戦略の立案に必要なことの多くがわかります。

私はそういう会社さんと会って分析結果を見せてもらう時は、ほとんどの場合、その会社のお客さんやライバル企業に自分のツテでやんわり話を聞いておきます。どこかの段階でやらないといけないなら、早いほうがいいですからね。身も蓋もないですが、頼まれた会社の社員と何もわからない状態で話すほど無駄なことはないですから……。

さて、なんで「その業界での成功のカギ」をＳＷＯＴ分析から解釈しようとするのかというと、ＳＷＯＴ分析をそのままやると、その要素がそっくりそのまま抜け落ちるから、つまり、そのままだと「単一事業でも経営戦略が立てられないから」ですね。

お客さんが何に価値を感じてお金を払ってくれているのか？　その大事だと感じる要素は何なのか？　それをどのような形で満たすパターンが存在し得るのか？　この部分の分析がないのに、経営戦略が作れる場合はほとんどありません。しかしＳＷＯＴ分析ではこれらをほぼ問題にしないのです。

〝お客さんが価値を感じる要素〟を把握しよう

ちょっと考えてみてください。

「この業界の成功のカギはこれらの要素で、これらをいかにして満たしていくかがポイントです」というのを本当に明確にすることって怖いですよね。

だって、お客さんが求めている価値、ライバル企業と競争している要素がわかったとして、資源は限られているから、「できるのか、できないのか。条件付きでできるならいくらかかるのか」以外、特に問題にならない。いや、もっと言うならば問題にできなくなってしまいます。

・・・

単一事業しか持っていない会社で、これらの要因がわかって、わかった上で、「それが満たせなさそう」という結果が出てきてしまっては洒落にならんのです。

だったら、チャンスとかピンチとか言ってお茶を濁しておいたほうがいいと思うんですよね。

今の事業は前提としてあった上で、事業に対するチャンスとかピンチとか言うのであれば、「それ自体が成立するかしないか」を問題にしなくて済みます。

そして、「できるかできないか、条件付きでできるのか」をクローズアップして問題にしてしまうより、「強いか、弱いか」を問題にして、さも強くあるように、改善していけるかのようにしたほうが、希望が持てるじゃないですか。実際はどうであるかは別にしてね。

余談ですが、私がコンサルティングをすると、打ちひしがれてしまうクライアントが多数いらっしゃいます。本当のことを身も蓋もなく提示しますので、何をすればいいかはわかりますけどね。

だから、「現場と一緒に戦略を作ろう」的なことは私はやりません。少なくとも幹部だけピックアップされた閉じられたプロジェクトでしか、経営戦略の検討なんてやれないです。

そもそも、経営戦略の立案に従業員が関わるというのは日本独自の考え方です。

とはいえ、これだけだとあまりにも救いがないので、希望が持てることも書きます。日本だと、特に中小企業の市場では、購買に効いてくる要素がけっこうたくさんある場合が多いです。もし、要素がひとつしかなければ、勝負は簡単に決まります。でも要素がたくさんあるなら、その組み合わせのあり得る形はすごく多くなってくるわけです。ひょっとしたら、まだ発見されていない成立し得る形があるかもしれません。

だから、**お客さんが求めていること、購買の時に大事だと思うことをしっかり把握して、その組み合わせ方のありようを考えることは、儲ける上ですごく意味がある行為になってくる**わけです。だから、経営戦略に時間とカネを使うことは、今の日本では、中小企業でもそれなりに意味があることだと思っています。

○「お客さん」から見えてくるもの

さて、話を元に戻します。SWOT分析的な環境分析の前に、「なぜその商品をお客さんが買うのか」「その中でなぜ自分の会社を選んでくれたのか」といったことから、「どういう成立し得るビジネスの形があるのか」を考えないといけません。

でないとちゃんとした経営戦略にならないし、「強み」「弱み」「機会」「脅威」という言葉が明確な意味を持ってきません。

これを理解してもらうのにわかりやすいのがQBハウスさんの事例です。

ビジネス書にもたくさん出ていますし、インターネット上にも情報は溢れていますので、ご自分でもご確認することをお勧めします。

QBハウスさんは、「千円カット」というすごいビジネスを作り出した会社ですがこれ、大前研一さんが1975年に書いた『企業参謀』という本にそのビジネスのアイデアがほぼそのまんま書いてあります。少し長いですがその部分を見てみましょう。日米の床屋さんを比べている部分です。

調髪料は一四〇〇円に対して三ドルである。ところが、この作業内容を見てみると日米で大きな差がある。日本の床屋は（バカ）丁寧である。この丁寧さも、古き良き時代に安価にやってくれたころには大いに歓迎したものだが、人件費がこうも高くなってくると、もう一度その内容を吟味したくもなる。

さて、私の素人判断によると、五〇分の調髪時間のじつに七〇パーセントが自分でも家でできるひげそりや、自宅にもどってひと風呂あびれば消えてしまうものに使われている。この額はじつに九八〇円で、アメリカの（時間の割には高い？）理髪店の二二五円に比べて約四倍にもなっている。

こうした現実を踏まえたうえで、それでも古き良き丁寧な床屋に郷愁を覚えるという向きには、このパッケージ、すなわち雰囲気代を含めたものもよいだろう。しかし、私などはどちらかというと床屋に行っている非生産的な時間は短い方が助かると思っているし、まして、九八〇円を自宅の風呂場から排水溝に流し去ることに大いなる無念の涙をのむほうでもある。

だが現実には、床屋業は日本のギルド（職業組合）の中でももっとも統制のとれたものらしく、顧客であるわれわれにパッケージの中身の選択をほとんど許してくれない。こうした、人為的な価格統制のあるところでは、通常、賢明なる者にとってまたとない市場ポテンシャルが発生するものである。それは、たとえばアメリカ式の二〇分床屋を一四〇〇円の四〇パーセントである六〇〇円くらいで開業することであろう。すると、この店は私と同じような考えをもっている人がたくさん来て、一日の一理髪師当りの客数が、二・五倍にもなるだろう。したがって、〝収入〟は旧来のものと変わらないはずである。

大前研一『企業参謀』プレジデント社

私がこれを初めて読んだ時はまだ、ＱＢハウスのビジネスは生まれていません。読んだ際の感想は、「大前さんてすごく極端な人なんだなあ。髪を切ることが価値ではあるけど、それ以外にお金を払ってもいいと思うんだけどなあ」というものでした。当時はコンサルタントではなかったので、若干ピントのずれた感想ですね。

でも、歴史が彼の正しさを証明しました。このころの大前さんは、米国でも「Ohmae」としてよく名前が論文に出てくるような、本当にすごい人でした。都知事選に出て落選するただのおじさんではないんですね。最近でも、インターネットスーパーをいち早く立ち上げて、「エグジットして＝売り払って」儲けていらっしゃいます。

この話のポイントは、お客さんは何にお金を払っているのか、お客さんに何に価値を感じてお金を払っているのか、そして企業側は、そこにちゃんとコストをかけて競争力を持っているのかということをしっかり把握して、お客さんが価値を感じていないものにコストをかけたり、お金を払わせたりしていないか、きちんとチェックするということです。

お客さんが価値を感じてお金を払っている要素のひとつひとつと、その組み合わせのあり方がすごく大事なのです。

これは、一時流行した、「ブルーオーシャン戦略」でよく言われたことです。

この流行で、競争のない市場をブルーオーシャンと呼ぶという、やや違和感のある言葉遣いが広がりました。実際に経営戦略をやっている側からすると、まだ埋まっていない、競争が行われていない市場は「ホワイトスペース」と言います。何でもかんでも「ブルーオーシャン」というのが流行って、気持ち悪かった記憶があります。

でも、勘違いして欲しくないのは、これが特定の経営戦略のアプローチを説明しているわけではなく、一般的なことを述べているのだということです。

お客さんが価値だと思っていることを考え、それを自社がどう満たし、競合がどう満たしているのかを考えることはブルーオーシャン戦略だけの考え方ではありません。

ブルーオーシャン戦略の本意は、いわゆる競争戦略への反論である面があります。強い会社が低価格での正面突破を仕掛けるか、強くない会社が高付加価値で差別化を仕掛けるか、という選択肢を競争戦略は提示しているのですが、ブルーオーシャン戦略は低価格かつ高付加価値が成立すると主張しているわけです。

それでいて、ブルーオーシャン戦略のアプローチは、ある程度マニュアル化されている面があり、その枠組みの中で経営戦略を考えるとすごく考えやすいという面もあります。

まとめると、環境の分析をするなら、「お客さんから話を聞いて価値を感じる要素を把握する」ということがすごく大事になってきます。

例えば、普通の床屋さんなら、髪を切る、頭を洗う、髭をそる、肩を揉むなどの要素があるでしょう。それらの要素の組み合わせに対して、価格付けが行われて、お客さんはお金を払っていることになります。

こういったことをＳＷＯＴ分析をする前に把握しておくと、「強み」「弱み」「機会」「脅威」が出しやすく、その結果も読み取りやすい、ということです。

3 「強み《S》」「弱み《W》」「機会《O》」「脅威《T》」のケーススタディ

〝当たり前〟から始めてみよう

自分たちがいる市場、業界の成立している理由、価値などをわかった上で、自分たちの会社の「強み」「弱み」「機会」「脅威」がある、と考えるほうがわかりやすいです。

これを明確にしないでＳＷＯＴ分析をしても、一応、外部環境の分析になりますが、解読が必要な分析結果になってしまいます。

今、自分の会社が儲かっているということは、お客さんからある程度支持を受けているということ、お客さんの求める価値をなんらかの形で満たすことができているということなのです。

自分の会社の中では当たり前過ぎて書きませんが、業界の提供する価値と自社がそれをどう満たしているかを書いてみてください。当然、ライバル企業もそれを自社と少し違う形で満たしているわけですね。その違いは何なのかも書いてみるといいと思います。そうすると、お客さんが求めるものを満たす上で、自社ができる固有のことで、ライバル企業に比べて強いものが〝強み〟になるわけじゃないですか。そして、ライバル企業に比べて弱いものが〝弱み〟になるわけです。

そして、その価値の自社に都合のいい方向への変化が〝機会〟になり、自社の都合の悪い方向への変化が〝脅威〟になるわけです。

人間は不思議なもので、〝強み〟〝弱み〟〝機会〟〝脅威〟などの意味の言葉で状況を説明しようとすると、何かしらの基準を自分たちの中で作ります。

私の中では、その市場で企業が提供する価値を、理想的に満たしている状態が基準なのですが、ＳＷＯＴ分析をする人はそういうことを知らないで書いていることも多いと思います。

しかし、ちゃんとやっていれば、そういうふうに読み取ることが可能な資料となっていることが多いです。当然、ノイズもいっぱい混ざっていますけどね。

秩父のホテルの「SWOT」は?

さて、ここからは具体例で見ていきましょう。抽象的な説明ばかりで少し飽きてきたと思います。誰でも知っている業界をネタにして、仮定で分析してみましょう。

今回のネタは観光地、観光施設を運営する企業、例えば、ホテルにしましょう。

セメントで有名な埼玉県の秩父にしましょうか。

そこの赤字に転落してしまったホテルの経営をなんとかしなくてはいけない経営者がいたとします。一応、売上は立っているけど最近赤字転落ということにしておきましょう。じゃないと救いがありません。

それで、経営戦略を立ててみようということで、地元の中小企業センター紹介の中小企業診断士の先生に相談したら、「SWOT分析こそ全てです!」という勢いに押されて、社員にSWOT分析をやってもらったとしましょう。

とりあえず、原始的に4つの枠を埋めるタイプのワークショップをやってくれた。

社員からは、たくさんの「強み」「弱み」「機会」「脅威」が集まってきました。さて、どうしましょう、と。

秩父のホテルの「SWOT」

S 強み

- 首都圏から1時間半という立地
- 施設の新しさ
- サービス力の高さ
- 学生客からの支持
- 社員の士気
- 食事の美味しさ
- ゴルフコースの近さ

W 弱み

- ホテルの知名度の低さ
- 集客力
- 広告予算の少なさ
- 平常時の稼働率の低さ
- 財務状況の悪さ
- 温泉施設などがない
- 高速のインターチェンジから遠い
- 外国人観光客の少なさ
- 「秩父」というブランドのなさ
- 蕎麦を秩父産で出せない
- 秩父人のやる気のなさ

O 機会

- 「秩父夜祭り」の集客力
- 「日本ジオパーク」という観光資源
- ウォーキングなどのイベント増加
- 「あの花」ブーム
- 「札所めぐり」が静かなブーム。さらに今年は御開帳
- 長瀞の川下り／かき氷
- 日本への中国・韓国人観光客の増加

T 脅威

- 箱根のジオパーク、温泉ブーム
- 日本の景気の悪さ
- 近くにできた新しいホテル
- 海外旅行ブーム
- 中国・韓国との領土問題

これを元に戦略を考える！

さて、これを資料に経営者の方と打ち合わせをしたら、次のような会話になりました。

「この秩父夜祭りというのは？」

「ええ、秩父で12月に実施される、関東で1番ぐらいに大きな祭りですね。秩父界隈のビジネスホテルは書き入れ時なので、値段が5倍ぐらいになるんじゃないですかね。このお祭りの前後はとにかくホテルの予約が取れない状態になりまして、年の売上の半分以上はここで上がります。神輿が夜の街を練り歩いて、花火も有名です。関東を中心として全国からお客さんがいらっしゃいますよ」

「すごいですね。では、この日本ジオパークというものは？」

「ユネスコ指定のジオパークというのが世界的にあるのですが、日本でもそういったものを作ろうということで、日本ジオパークというものが全国で指定されたんです。この近くだと箱根も指定されました。元々地理的に非常に有名でいい景観なんですよ。作家の宮澤賢治さんが、ここで地理学の実習をしたことでも知られていますし、研究者の方や地理学科のゼミ合宿に学生がきたりします。先日、このジオパークを歩こうというウォーキングイベントが市の観光課の企画で実施されて、数千人ぐらいいらっしゃったんじゃないですかね。ほとんどの方が日帰りだったと思いますが」

「なるほど。では学生からの支持というのも、そういうことなんですね。施設が新しいようですが、最近リニューアルされたんですか?」

「はい。去年、私が継いだタイミングでリニューアルしました」

「そうですか。長瀞は秩父から少し離れていますが、長瀞にくるお客さんもいらっしゃるんですか?」

「いや、これはパッケージツアーの〝秩父地方〟というやつに長瀞も入っているというだけです。でも、川下りは有名ですし、最近ではかき氷もテレビなどに取り上げられて有名になりました。なんとかシナジー効果というやつですか? ああいうのがあるといいなあと思って書いているんですけど」

「わかりました。では、この『あの花』というのは?」

「ああ、これはテレビアニメですね。秩父を舞台にしたアニメで、いわゆるオタクの方々がいらっしゃるんですよ。ほとんど日帰りですけどね」

「そうですか。中国人、韓国人観光客とか外国人観光客って書いてありますけど、海外の方がいらっしゃるんですか?」

「いえ。中小企業診断士の方が、群馬あたりは韓国人観光客がたくさんくるし、ニセコは中国の富裕層がくるって言うもんですから。箱根あたりは温泉もあるから、外国人観光客がけっこういますし。うらやましいです。でも、このあたりは外国人観光客は全くと言っていいほどいらっしゃらないですね」

「なるほど。では、温泉施設がないとありますが、これはどういうことでしょう？」

「ああ、秩父は箱根を少しだけライバル視させていただいておりまして。あそこは温泉が出るので、宿泊の伝統があるし、外国人観光客もくる。それが本当にうらやましいんですよね。このあたりは夜祭りぐらいしかないので、宿泊施設は本当に厳しいですよ」

ホテルが提供する価値を考える

さて、ちょっと長くなりましたが、ここまでの会話から、「ホテルが提供する価値は何か」を考えてみましょう。お客さんはなぜホテルにお金を払うのでしょうか？

私なら、「泊りがけでも見たいもの、体験したいことがあるから」だと思います。

つまり、メインの価値ではなく、「何かイベントなどに付随する価値であって、ホテル自体に価値があるから泊まりにいくわけではない」ということです。これを理解することは経営としては大事な視点だと思います。

「ホテルが提供する価値は？」から見えるもの

Q なぜホテルに泊まるの？

A 泊まりがけで見たいもの、体験したいことがある

→何かイベントなどに付随する価値であって、
ホテル自体に価値があるから泊まるわけではない

これを前提にすると……
↓

見たいもの、体験したいことが非常に強力であればボロ小屋でも泊まれる
→寝れる、休憩できる以上の価値は期待されていない
→施設を豪華にするのはあまり意味がない！

「イベントの時にフル稼働させるが、
〝宿泊できる〟という最小限の価値のみを提供し、
平常時の稼働コストは抑える」という答えが出る！

では、もうひとつ考えてみましょう。「泊りがけでも見たいもの、体験したいことがあって、宿泊はそれに付随する価値でしかない」として、秩父のホテル市場の現状の中で、一般的なホテルが儲けるにはどうするのがいいと思いますか？

私が思うのは、もし、その見たいもの、体験したいことが非常に強力であれば、例えばボロい小屋でも泊まれるんじゃないでしょうか？　ということです。

寝れる、休憩できる以上の価値を提供されることには、あまり期待していなさそうですよね。であれば、施設を豪華にしたりするのはあまり意味をなさないのではない

でしょうか？　というところまで言えそうです。

そうすると、すごく単純な競争を強いられそうですね。先の質問の答えは「イベントの時期にフル稼働させるが、宿泊できるという最小の価値のみを提供し、平常時の稼働コストは抑える」になります。

しかし、このホテルは改装してしまったようだし、どうしようかな……となるわけです。

正直、この点に気付いた瞬間に私なら帰りたくなります。いわゆる大多数のお客さんの今望んでいるものに逆らっていろいろやるような、「新しいムーブメントを作るんだ！」的なお仕事は嫌なんですよね。新しい流れを作ることほど難しいことはありません。

その検討でお金をいただくにしても、割に合わない金額にしかならないですからね。

ホテルが勝ち続けるために取り組むべきことは

でも、仕方がないので付き合うことにしましょう。ご縁ですから。この時点で私が言えるセリフは次のようなものくらいです。

「現有の情報で言えることは、取り組むべき課題は大きく分けて3つですね。夜祭りの時の売りをもっと上げる方法を考えること、平常時の日帰り客から売りを上げる方法を

ホテルが取り組むべき課題

① 夜祭りの時の売りをもっと上げる方法を考える

・食事だけの客を増やす
・弁当を売る　など

② 平常時の日帰り客から売りを上げる方法を考える

・荷物を預かるサービス
・駐車場の提供　など

③ 平常時の泊まり客を増やす方法を考える

・インターネットでの集客
・旅行代理店への営業　など

集めた情報から対策を見つけ出せる！

考えること、平常時の泊り客を増やす方法を考えること、です。で、祭りの時の売りを上げる方法は、会社のみんなで考えれば出てくるでしょう。食事だけの客を増やす、弁当を売るといったアイデアは簡単に出てくるでしょう。

それで、平常時の日帰り客が利用できる新しいサービスとかないでしょうかね？　例えば荷物を預かるサービスとか、駐車場の提供でもいいし、何かしら日帰りのお客さんから売りを上げるにはどうすればいいか、ウォーキングイベントの時の荷物預り所をやるとかね。来週までに私は全国の事例でも集めてみます。それを元に社員さんが揉んだりすればいろいろ出るかもしれません。
あと、平常時の泊まり客を増やすために、インターネットでの集客と、旅行代理店への営業を考えてみてください。これは社長のお仕事だと思います。ＪＴＢはお願いしつつ、埼玉の地方の代理店とかで秩父旅行をお勧めするようなところはないですかね？　そういうところとうまく握って何かしらできるといいんですが。とりあえず、来週またお打ち合せいたしましょう」

ふー、このプロジェクト、大変そうだなあ……と思いながら電車の中で思いを巡らすパターンです。

さて、もう一度、１２０ページの「強み」「弱み」「機会」「脅威」を見てください。先に設定した価値を真ん中に置いて考えると、それぞれの書いてあることは、どのようなバイアスがかかっているように見えますか？

噛み砕いて言えば、**誰かに気を遣って言っているとか、自分たちがこう思いたいから言っているとか、おそらくそういう物事が反映されています。**

中小企業の方々が研修でやったＳＷＯＴ分析とかを見ると、そういうものが満ち満ちています。これに対するアプローチとして、「客観的にやろう！」というのもあり得ます。

確かに正しい情報を得たいですからね。でも、私はお勧めしません。
このホテルのケースで言えば、サービスレベルなどは低くても、このホテルの経営にはそれほど関係がない。正直、日本人として普通のことをやってくれていれば、どうでもいい。その市場でどういう競争が行われているかによって効いてくる要素が変わってくるわけです。

ここでは確かにサービスレベルは効かない。でも、それを従業員の人に言いますか？　言えますか？　無理ですよね。

人はやりがいを感じたいじゃないですか。だから、うまくいっているのは自分たちのお蔭だと思いたい。ダメなのは人のせいだと思いたい。それはそれでいいんだと思います。本当のことを引き受けるのは経営者だけでいい。だから経営者は高いお金を取れるんです。

ひとつひとつの情報が、その市場での競争のルールと提供すべき価値から考えてどれぐらいずれているのかによっても、その会社の状況がいろいろとわかってきます。

中小企業で行われる**ＳＷＯＴ分析はそういうバイアスに満ちた形で、偏見に満ちた形でアウトプットが出てくる**ものです。

そこから、いかにしてみんながハッピーになれる「儲かるという結果」を出すかが経営側としての仕事なのだと思っています。コンサルタントの仕事はそのサポートです。

現場のリーダーレベルの人もこの本を読んでいると思います。

ここまで読むと、ＳＷＯＴ分析は意味がないのかなあ、と意気消沈しているかもしれません。「ＳＷＯＴ分析を見て、少し話を聞いただけで、やるべき課題がわかるなんて無理だよ」と。

でもね、違うんです。

私が打ち出した施策はその市場で提供されている価値、その市場の競争のルールがわからなくても、ＳＷＯＴ分析の結果からも導くことが可能です。

ＳＷＯＴ分析は身も蓋もない本当のことを知らずに、ある程度正しい施策を出せるというい不思議なツールなのです。次はそういったことを見ていきましょう。

4

SWOT分析の不思議さとは？

分析結果からどうやって施策を打ち出すのか

なんか狐につままれたような感じがしますね。どういうことでしょうか？

120ページのSWOT分析をもう一度見てみましょう。

ここには、秩父のホテル市場でどんな競争が行われているかは含意されているけれど、明確には書かれていません。

でも、それをきっちり踏まえて立案された施策アイデアと、バイアスが多大にかかり、気遣いに満ちたSWOT分析の内容を踏まえて立案された施策アイデアの間には、それほど差が生じないんです。実際にこれから見てみましょう。

SWOT分析では、どうやって「強み」「弱み」「機会」「脅威」の列挙から施策立案につなげたり、行動のアイデアを出したりしていくのでしょうか。

もともとSWOT分析は、内部の環境、つまり〝自分たちのできること〟と、外部の環境、つまり〝与えられた条件〟を最適に組み合わせて戦略を立案するための枠組みでした。

簡単に言い換えれば、**自分たちのできることでポジティブなこと、強みをテコにしてチャンスを活かしつつ、コントロールできない脅威に備え、さらには弱みが目立たなくなるように、ということを意図した枠組み**なわけです。

そんなSWOT分析では、次の4つの施策の考え方が使われます。

① 強みを活かして、機会を利用できる施策はなんでしょう?
② 強みを活かして、脅威に対抗できる施策はなんでしょう?
③ 弱みを踏まえて、機会を活かすことができる施策はなんでしょう?
④ 弱みを踏まえて、脅威を避けることができる施策はなんでしょう?

私が先のケースで経営者にしたアドバイスは次の3つです。

A 夜祭りの売りをさらに上げる施策を考えること
B 日帰り客から売りを上げる施策を考えること

C　平常時に泊まり客を増やす施策を考えること

Aの具体例として、「食事客を増やしたりお弁当を売ったりできませんか?」と言っています。これは、〝強み〟の「食事の美味しさ」を活かして、「秩父夜祭り」という〝機会〟を活かす施策アイデア、つまり①に属すると言えます。

Bの具体例として、「ウォーキングイベントの時に荷物預りでもやったらどうですか?」と言ったのは、「平常時の稼働率の低さ」という〝弱み〟を踏まえて、「ウォーキングイベント」という〝機会〟を活かすというもの、つまり、③に属する施策アイデアと言えるわけです。

Cの具体例として、「インターネットでの集客を試みることと、旅行代理店と握って何かできないか?」と言っています。これは、SWOT分析には出ていません。だから、「社長さんの仕事ですけど」と言っているんですね。

全く別の思考回路を経て辿り着く施策アイデア、行動のアイデアがほとんど同じになるというのも不思議ですね。

もう少し、私が相談を受けた時に考えたこと、考慮したことを詳しく書いてみましょう。

ホテルの提供する価値というのは「泊りがけでも見たいもの、体験したいことがある」だと思います。ホテルが提供するのはメインの価値ではなく、何か旅などのイベントに付随する価値であって、ホテル自体に価値があるから泊まりにいくわけではない。ごく稀に、トップオブトップ、頂点の中の頂点みたいなホテルは、「そのホテルを体験したいから泊まる」というふうに、ホテル自体に価値を付与するという荒業をやってのけますが、そんなホテルは1％もないと思います。

そうすると、秩父のホテルの経営者ならば、祭りの時に5倍の価格付けをして稼いでしまって、普段は流しておく、でいいはずです。

もしも、夜祭りの時の売りをもっと上げられるなら、設備投資もいいでしょうが、ボロい小屋でも夜祭りの時に泊まれるならそれでいいと思っているお客さんにそんな投資は必要でしょうか？

それと、ここからは常識的な話になると思うのですが、日本で旅行にいく人は「増える」「減る」「変わらない」でいうとどうかと言えば、とりあえず「減りはしない」ので「増える」か「変わらない」かのどちらかだと思います。

定年退職した人が増えたし、彼らはお金と時間を持て余している。あるいは、レジャー白書みたいなものを見てもいいです。全体の趨勢として激変は起こりにくい。だから、今ある事業を普通に伸ばそうとすればいい。これを理解するのには10分もかからないでしょう。

成功要因は隠れている

ただし、その中で、新たな人の流れを作ることができるかと言えば、非常に難しいと思います。

閑古鳥が鳴いているテーマパークなどもありました。そういえば、ハウステンボスが再生されたニュースはご存知でしょうか。旅行代理店を起業された方が経営に携わって再生されたように記憶しています。

たまに耳にするこのようなニュースは、後付けで耳触りのよい成功事例を褒め称えますが、それを再現できるかというと、どうなんだろうと思うものばかりです。

旭山動物園の展示方法が有名になって以降、池袋のサンシャイン水族館でもアシカショーがものすごい近さで見られたり、ペンギンビーチではペンギンがプールに飛び込

再生に成功した事例

本当の成功要因は表に出ていない！

むと水をかぶるような近さで見学ができるようになりました。

　でも、そこまでの成果は上がっていないように見えます。

　成功事例の成功要因と言われる物事はたいていは成功要因ではない。それを真似たからと言って、人が押し寄せるようなことは起こり得ないのです。

　すると、秩父では、泊まりにくるのは夜祭りぐらいだけれど、日帰りでは人がくる。だったら、この人たちにお金を落としてもらおう、というのが現実的な判断になります。

　泊まりたいほど体験したい価値があるのは夜祭りだけ。日帰り客を宿泊客にするのには、少し壁が高い。まずは日帰り客からお金をいただいて、泊まる方向に少しずつ誘導することは、チャレンジングですが試みる意味はあります。

さて、もう少し深く考えてみましょう。なぜ、ハウステンボスは再生され、旭山動物園は流行ったのでしょうか?

旭山動物園は、全然人がこなかったけれど、それがくるようになったわけですが、これは普通に考えるとおかしいのです。展示方法を工夫したところで、お客さんが全国からやってくるというのには、超えるべきハードルが高過ぎます。

でも、もう少し考えると流行った要因がわかります。

旭山動物園は北海道にあります。北海道にいく人の数自体は、旭山動物園が傾いていたころと、流行った後で変わっていないのではないか、と考えると少し見えてきます。ハウステンボスの場合も、長崎にいく人、九州にいく人の数自体は変わっていないな、と捉えると少し見えてきます。

旅行にいく時の人の行動を考えてみると、たいていは、「沖縄にいこう」とか、「北海道にいこう」とかいったように、〝地名〟でいく場所を決めます。海外旅行のほうがわかりやすいかもしれません。「イタリアにいこう」とか、「エジプトにいこう」とか、国単位で決めるような決め方をしますよね。決して、そこにあるホテルに泊まりたいから旅行にいくのではない。イタリアにいく時に初めから「プーリアのテソレットホテルに泊まる！」と言っている人は少数派でしょう。

次に、具体的なスケジュールはどのように決まるのでしょうか？

おそらく、旅行代理店で、窓口にいる人と相談して決める。ある程度、組み込まれるツアーの選択肢も旅行代理店側がコントロールしている面があるでしょう。

そう考えると、旭山動物園は北海道旅行にいくお客さんの中で、北海道の名所の競争の中で、〝旅行代理店に選択されればいい〟ということになります。

ここでもう一度言いますが、ハウステンボスは、「旅行代理店を起業された方が再生した」のです。

見えてきませんか？

そう、その方が起業された旅行代理店が必死で売れば、お客さんは増えることでしょう。そして、再生されるというわけです。

こういうことを書くと、「こいつはペンギンのピュアな瞳の素晴らしさがわからないんだ！」とか、「旭山の職員の苦労がわかっていない」とか、「身も蓋もない」とか、お叱りの言葉をいただくので、あんまり言いたくないのですが、ＳＷＯＴ分析を学ぶために適切なことと思えるので書いています。

話を元に戻しましょう。

普通に考えれば、旅行代理店への交渉力がホテルなどの経営においては重要なはずです。そこを完全にコントロールできれば苦労はしないでしょうが現実的には結構厳しい。それでも、小さな代理店なら、また、秩父への実績があるところならば、握って何かしらやれる余地はあるかもしれないと考えるのが自然だ、ということで、私の社長へのお願いになるわけです。

以上を踏まえて、先に書いた３つの課題と、アバウトですがそれに対する施策の具体例にいきつくわけです。

人のムーブメントを新たに作るとか、そういう無理なことを言わずに、今、秩父にきてくれている人たちを前提としながら数字を上げる方法を考えて、少しだけでいいから、新しいお客さんがきてくれるといいなあ、という考え方なわけです。

うまく伝わりますでしょうか？

5

目的と落としどころは何ですか？

いいSWOT分析、悪いSWOT分析

ＳＷＯＴ分析は分析内容の正しさとかそういうものは別にして、普通の経営戦略立案の考え方で導かれた施策と大差ないアイデアを生み出すことが可能だ、ということがわかりました。だからこそ、ＳＷＯＴ分析は中小企業に普及してきたのだと私は思います。

中小企業と一括りにしても、様々な規模の会社があります。そういった規模を越えて使われるようになってきたのにも、必然性があると思っています。

ここでは、そういう使い方について書いていければと思います。

でも、面白いでしょう？

分析内容の正しさとかそういうものは別にして、普通の経営戦略と同じ結論が出る。

それはつまり、どんな我流のＳＷＯＴ分析でも、さして変わらない結果が出るということです。定量化にこだわる派、ＭＥＣＥなどの論理にこだわる派、米国の経営コンセプ

トにこだわる派など、多種多様な流派がいますが、そんな流派の違いなんて、さしたる差を生まないということです。

だから、分析をしてみたければ、別に誰に頼んでもいいんです。国家資格をお持ちの中小企業診断士であろうと、会計事務所だろうと、我流の先生だろうと、外資系の風を吹かせるコンサルタントだろうとね。自社の社員でもさして変わりません。そういう意味では私でもさして変わらないのです。

社長さんが、リーダーが最後まで考え抜いて決めるのであれば、ＳＷＯＴ分析をして、施策のアイデアを出すのは誰でもいいんです。

ただ、ＳＷＯＴ分析を使ってみたい、意味があるように使いたいというのであれば、いろいろな○○流などがあることもわかった上で、何が正統とかあんまり気にせずに使っていいんだよ、と伝えたいわけです。結局、**経営者、リーダーであるあなたが最後まで考え抜いて納得できる施策をやるということが大事**だ、ということです。

その上で、

・従業員の実行に際してのモチベーションを上げたい

・もっと従業員が自発的に考えて、提案するようにしたい
・正しいとわかっているけど後回しにしてしまうことをしっかり実行させたい

と思って従業員に研修をするなら、それはそれでいいかもしれません。この3つは私が見た中で比較的うまくいきそうなSWOT分析をやりたい理由です。

社員数20～30人の規模から、社長室ができたぐらいの規模まで、こういった考えでSWOT分析をやる会社はあると思います。当然、研修のお金は経営者が出すし、その研修時間も給与は出す前提ですよ。

確かに、実行をする人たちがそれまでのやり方を変えたがらないということはよくあります。だったら、納得してやってもらおう、ということで、行動アイデアを彼らに出してもらうというのはいいことです。

それに、ストレートに「会社のことをどう思っているの？」と聞くよりも、SWOT分析をやってもらった結果を見たほうが、「彼らが何を考えているか」が如実に見えます。

そのためには、変にPESTやファイブフォースなどのフレームワークで論点を確定させたり、答えを誘導したりするよりも、自由にやってもらったほうがいいのではない

かと思います。

ただ、たまに、「客観的な意思決定」をしたいと決裁者が言うケースがあります。

・客観的な分析をして、それを元に意思決定をしたい
・データを元に属人的ではない意思決定ができるようにしたい
・第三者から見て恥ずかしくない意思決定ができる会社にしたい

こういったことのためのSWOT分析プロジェクトは最悪です。もっと言えば、どんな分析の場合でも最悪です。

「上場企業の意思決定には客観性が求められる」「客観的な意志決定こそ経営の近代化だ」などという妄言に惑わされてしまうわけです。まあ、気持ちはわからないでもありません。

そうすると、不毛な数値化運動が社内で起こります。数概念と記号としての数字の違いを理解するには、一度そういう不毛なプロジェクトに巻き込まれてみるのもいいかもしれません。

さて、仮に、客観的な情報に基づく客観的な意思決定が存在したとして、それにしたがって意思決定をするとどうなると思いますか？

みんながそれにしたがって意思決定すると、結局はお金の量の勝負をすることに帰結してしまいます。

経済学で想定される「情報の非対称性がない世界」、つまり「情報が完全に対称な世界」において、客観的な意思決定をすると、結局、規模の大きい人々が勝つだけになってくる。でも、現実世界でそうなるのかと言えばならないし、もしもその競争になったら、ニッチな市場などは完全に消滅する効率的な世界で、大資本だけが勝利することになります。細かい部分までは言及しませんが、結局、中小企業でそんなことをやるのは不毛なのです。

なにより、「客観的な意思決定」という言葉を言い出して、定量データを漁り始める経営者は、はっきり言うと、「心の弱さに負けた人」以外の何者でもないのです。

そりゃあ、「数字にして大きいほうを選べばいい」を永遠に繰り返せばいいなら本当に楽ですよね。出資者への責任も、社員の雇用への責任も、お客さんへの責任も、仕入れ先への責任も、全てから解放されて楽になれることでしょう。

しかし、そこには問いが残ります。

「経営者が『あなた』である必然性はあるんですか？」という問いです。

上場企業における意思決定の「客観性」はデュープロセスの明確化のことだと思ってください。**デュープロセスというのは、〝意思決定の決まった手順〟のこと**です。

こういうことを決める時には、こういう会議を開いて、こういう要素を踏まえて、検討した上で意思決定者が決める、といった手順のことですね。

いわゆる西欧型の民主主義社会では、権力者の暴走を防ぐため、また、株主から経営を委託された経営者のモラルハザードを防ぐためにデュープロセスを明確にしようという考え方は常識です。

でもそれは、数値化して大きいほうを選ぶとか、そういう話ではありません。

大事なことですから、もう一度繰り返して書きます。

「踏まえて、意思決定者が決める」です。何を以てかと言えば、全身全霊を以てです。考え抜いて、全責任が自分にあると思って決めるのです。経営者以外に誰が会社の責任を、リーダー以外に誰がチームの責任を背負うんですか？

だから私は、経営者がそういう覚悟をもって、「あなたと一緒にやりたい。一緒に考えて欲しいです」と言ってくれると燃えるのです。

まとめると、「客観的な意思決定のためのSWOT分析プロジェクト」にはご注意ください、ということでした。

コンサルティングの価値は

さて、この項の最後に少しだけ、いわゆるコンサルティングの価値について書きましょう。各種フレームワークを生み出した経営戦略コンサルティングの価値についてです。「SWOT分析をしてみる」ということは、ある意味でコンサルタントと付き合うということに近い意思決定ですからね。

いわゆる大企業が意思決定をする時に、ちゃんと外部を使って検討をしていることをアピールする意味合いで使われることも多々ありますが、経営戦略の検討と、その意思決定において、2つだけ、コンサルティングの価値と言われることがあります。

1つは、多くの人がなんとなくそうだと思っているけど、はっきりとは証明されていないことを圧倒的な情報量で「正しい」と言うことです。

「海の水は沸かすな」という格言を紹介しておきながら、そういうプロジェクトがなくならないのは、こういう価値があるからだろうとは思います。

例えば、「ぐるなび」のような集客サイトが流行っていますが、ああいうサイトは顧客の新規率が高いか、利用頻度が多いかの2つの要素のどちらかがないと成立しません。だから、歯医者さん向けの集客サイトは利用頻度の低さと新規率の低さから考えて、「成立しない」と考えるのが妥当です。

このあたりのことは考えればなんとなくわかります。しかし、普通は面倒ですから、わざわざ業界別に調べて検証したりはしないですよね。

それを白書などのデータをひっくり返して数字で調べるなどして、業界別に成立するかしないかを言ったとしたら、価値がある情報になります。

もうひとつは、誰も〝そうだろう〟と思っていないことについて、「そうかもしれない」「そうだったとするとこうなる」と気付かせるような情報の提示をするということです。

この本も、どちらかというと、気付くことがたくさんあればいいなあ、それを元に言える新たなことを、読者のみなさんが考えられるような内容であるといいなあ、と思って書いています。

前に例として出した観光施設と旅行代理業の関係なども、当たり前だと思うかもしれませんが、意外と気付いていない人が多いんじゃないかなあ、と思います。みなさんはどう思われたでしょうか？

ＳＷＯＴ分析をやる場合、コンサルタントと一緒にやることも可能性としてはそれなりにあるでしょうから、こういうこともわかっておいたほうがいいかな、ということで書いてみました。

また、中小企業でも、いわゆる経営企画部門が社内にある場合は、特にわかっておいたほうがいいと思います。

一方、大企業の経営企画部門は、正しいという前提条件がある程度はっきりすれば、「こういうことをもっと大胆にできるな」という考えが湧いてきます。

それと、あまり正しいと思っていなかったことが〝どうやら正しそうだ〟とわかると、「こういう可能性もあるな」ということがすぐに考えられます。

だから、先の2つのコンサルタントが提供することに価値があると思うし、お金を払ってもいいと思うわけですね。

もうおわかりだと思いますが、大企業へのコンサルティングと中小企業へのコンサルティングは似ても似つかない、完全に違うものです。

開発されたフレームワークは企業の規模を問わず使えることもありますし、そういうマーケティングがコンサルティングを名乗る側から行われてきたことも確かです。ですが、大企業のスケールメリットを前提とした経営戦略の立案に対するチャージは、その意思決定が数百億円の収益につながるからこそ、コストをかけることが正当化されるのです。中小企業の収益規模を考えれば、適正なチャージも違うし、そもそも経営戦略の企画にかけるべきコストが、ほぼない場合も多々あるのです。

そういったことをわかった上で、コンサルタントを使ってみたいならば自分の責任で使ってみることは、ひとつの経験だと思います。

6

「強み」《S》と「弱み」《W》を巡って

○……「外より内」思考

強みと弱みの分析をする時、内部環境の分析結果を見る時に経営側として考えておくべきことをここでは説明していこうと思います。

内部環境、いわゆる経営資源については、「ビジネスで成功するには、競争に勝つ上では、内部環境こそが大事なんだ！」と言う人達がいます。いわゆる**リソースベーストビュー、資源から見た経営戦略**というやつです。経営資源は「ヒト」「カネ」「モノ」「情報」でしたね。ただ、この学派の話を聞く時には、ここに「企業の固有のできること＝ケイパビリティ」も入れてください。

この学派で有名な学者さんはアメリカのバーニー先生、モンゴメリー先生です。

内部環境についての有名な、誰でも知っているコンセプトはＣ・Ｋ・プラハードと、ゲイリー・ハメルが提唱した「コア・コンピタンス」です。

「コア・コンピタンスは企業を独特のものとして定義し、価値創造の源泉となる」という言葉が有名ですが、コア・コンピタンスとは何かというと、「事業を緊密に結びつける縫い糸となるケイパビリティやスキルだ」と彼らは主張しています。

企業は事業をやっているわけですが、同じ事業をやっている会社は山ほどあります。しかし、業績に差は存在している。それはなぜかというと、「組織としてできる固有のこと、ケイパビリティやスキルに違いがあるからだ！」という主張です。

「ケイパビリティ」が、中学校の時に習ったCanの言い換えイディオムの「be able to／be capable of」のビーケイパブルオブからきていることは既に述べましたが、ここでもう少しだけ深く言うと、「ビーエイブルトゥー」のほうは潜在的な能力という意味、「ビーケイパブルオブ」は顕在的な能力という意味です。

つまり、ケイパビリティは「今できていること」なわけです。それが企業の競争力の違い、収益の違いをもたらしているんだというのは、そうかもしれないなあ、と思える考え方ですね。

「SWOT分析でも〝VRIO〟が大事なんだ！」とおっしゃる方もいます。

VRIOフレームワークは〝リソースベーストビュー〟、つまり、〝資源に基づいた視

「VRIO フレームワーク」とは？

V 価値（Value）

外部環境の ┌ 機会を利用できる
　　　　　 └ 脅威を和らげられる

の片方、もしくはどちらもできる価値を持つ

R 希少性（Rarity）

ライバル企業との間でそのリソースが希少である

I 模倣可能性（Imitability）

模倣がなされない

O 組織（Organization）

ちゃんとリソースを活かせる組織になっている

「どんな資源を企業が内部に持っているか」という視点で競争優位を説明する！

点〟なので、どんな資源を企業が内部に持っているといいのかということに着目します。

まずはVから見てみましょう。

その企業がもっているリソースは、「〝外部環境の機会を利用できる〟〝脅威を和らげる〟の片方、もしくは、どちらかができるという価値を持つ」ということで、苦しいですが、価値＝バリューのVが始めにきます。

次はRです。

ライバル企業の間で、そのリソースが「稀少である」ということで、希少、レアリティ、の頭文字でRです。

3つ目のIは、そのリソースが「模倣がなされない」こと、イミタビリティの頭文

字でIがきます。

最後に、「ちゃんとリソースを活かせる組織になっているか」、オーガナイゼーションのOです。

こういうリソースがあると、競争優位になる、かのように言っています。

「強み《S》」をチェックするのに使える「DSA」

モンゴメリー先生はもう少しシンプルにDSAと言っています。

「お客さんの要求の充足性」、つまり、デマンドのDです。需要と供給、あの「需要」を英語で「デマンド」と言います。つまり、「お客さんが求めているものを満たせるか」です。

そして、バーニー先生が「R：レアリティ」とした「希少性」を、経済学っぽくスケアシティのSとしています。つまり、「企業が保有している資源がどれぐらい貴重か」ということです。

「社会の資源は希少だから、充分にはないから、みんなで効率的に生産活動をしないといけない」と経済学がいう時、「希少」という概念は「スケアシティ」と言います。経済学のキーとなる概念のひとつです。

最後に専有可能性、つまり「自社だけで独占的にそのリソースを保持できるか」ということでアプロープリアティのAです。自分達だけしか利益の源泉になるリソースが保持できなければ、それが結果的に競争優位をもたらすのは明らかでしょう。

この3つでDSAです。日本では馴染みは薄いですが、リソースベーストビューの中では使いやすいフレームワークです。

この学派がなかなか流行らないのには2つの理由があります。

そのひとつめが、「これ、本当なの？」という突っ込みに対して明確に答えられないということです。

ある市場において収益を生み続けている企業があって、その企業のリソースを見たら、「外部環境の機会を活かし、脅威を和らげるリソースがある。しかも希少だ！　そして、模倣されないいじゃないか！　組織的にもそれを活かせている！」というような、〝うまくいっている企業を見たらやはりそうなっていた〟ケースは多々あるでしょう。

ですが、逆に「〝そうなっているからうまくいっている〟と言えるのかといえば、必ずしも真ではないだろう」という突っ込みに対して答えに窮するところが、この学派のきついところです。

もうひとつの理由が、使いにくいということです。

「目に見えない資源」を発見して評価したりするのは、時間がかかるし難しいのです。時間とお金をかけて、競争優位の要因である、「固有のできること＝ケイパビリティ」をもたらしている資源の評価、特定なんてわざわざやっているほど余裕のある人は少ないのです。

そして、それをさらに「強み」「弱み」と評価して分類するのですが、それだったら、「お客さんが何を求めているか」から始めて、その満たし方が現実にどれぐらいあって、それができるかできないか、できるとしたらどうやるのか、とアクションを重ねていく、行動を重ねていくほうが生産的だと思います。

だから、経営戦略を実際に考えなくてはいけない人たちの側からは、「正しくリソースを分析するより、正しくお客さんを分析したほうがいいんじゃない？」となるわけです。

ただ、多角化の時、つまり複数事業の展開について、もしも、自社の競争優位の源泉が複数事業に横たわってあるとしたら、その「強み」を活かして新規事業がやれるんじゃないか、という発想にはなります。

もし、そのリソース特定があっさりとできるのなら、非常に意味があることなのですが、この作業も簡単ではないのが現実です。

それならば、ＳＷＯＴ分析で、なんとなく「うちの強みはこれだ！」とか、感覚論で言っていたほうが、中小企業では、はるかに良くないでしょうか。

そうして出てきたものと外部環境を掛け合わせれば、施策、行動のアイデアが出てきます。それを素早く試してみたほうが早いと思いませんか、というのが本書における私の提案です。

競争優位を本当にもたらしているリソースが強みだとかいった定義をしてしまうと面倒でしょう？

なんとなくうちの強いところはここだ！　で済ませておくほうが使いやすくないですか？

ただ、「お客さんの要求を満たしていて、世の中であんまりなくて、うちしかないんだ！」ということのチェックにはＶＲＩＯ／ＤＳＡは使える面があると思います。

ＶＲＩＯの方が有名ですが、私はＤＳＡのほうが使えると思いますので、ぜひ、強みをチェックする時にお試しください。

「弱み」の規定にはあまり意味がない？

次は「弱み」について解説していきましょう。

ＩＢＭのメインフレーム事業を例として説明します。

メインフレームというのは、巨大なコンピュータのことです。かつては、企業の会計などの基幹業務の処理をしていて、１９７０年代から１９８０年代には相当な稼ぎをＩＢＭにもたらしたわけですが、ハード面でのコンピュータの小型化や、ソフトウェアの面でのパッケージ化の流れで２０００年ぐらいには、ＩＢＭのお荷物になったと言われました。このように、「かつては強みだったものが要らなくなってしまい、今ではお荷物となっている」という状況はよく見受けられます。

ただ、ＩＢＭのメインフレーム事業は今は復活しています。お客さんは相変わらずメインフレームを必要としているし、そんな馬鹿でかくて扱いづらいコンピュータを扱う技術は誰にも真似ができないし、メインフレーム技術者が世界的に少なくなる中で、育成の投資ができるのなんてＩＢＭぐらいだ、ということで見事に強みの条件を満たしています。

リソースベーストビューの人々からは、強みが弱みになって、また強みになったレアなケースとして注目されています。

ある市場で、同じお客さんを相手にしていても、黒字の会社と赤字の会社があります。両者には、内部に何かしらの違いがあるはずで、その黒字をもたらせないものを指して「これが弱みだ！」と規定します。

それが、目に見える生産設備のような資産だったら「売れるなら売ってしまおう」となります。でもそれがケイパビリティな部分だとなると難しいですよね。

ただし、全社戦略なら「事業ごと売ってしまおう」という意思決定もあり得ます。実際にＩＢＭでは、パソコン事業をレノボに売ってしまいましたし。

ですが私としては、「赤字事業があった時のアクションを考えると、〝弱み〟を決めるなんて悠長なことしますか？」と聞きたいのです。わざわざそこに分類する意味がよくわからないわけです。「そのプロセス要るの？」と。

もし赤字だったら、お客さんが求めている要素を出して、「それを自社がどう満たせているか」「ライバル企業がどう満たせているか」「それぞれ黒字か赤字か」を調べて、「黒字の形にできるのか、できないのか」「できるとしてそれをやるのにいくらかかるのか」

「今後どれぐらいの収益がマーケットで出そうなのか」「投下するお金と時間」「取れそうなシェア」「市場全体で出そうな収益」が問題になるだけでしょう。

また、新規事業の検討では、「自分たちが何ができるか」が問題にはなりますが、そこで「強み」「弱み」のラベリングを行うのは意味があるのかはなはだ疑問です。中小企業のブレストでは、「自社の弱みは何か」という問いを立てたほうがアイデアが出やすいのはそのとおりなのですが……。

「レント」の原因がわかれば「強みS」も「弱みW」もわかるけど

「強み」「弱み」の規定には、学問的にはそれなりに理由があります。「難しい話は嫌い！」という人は読み飛ばしていただいても大丈夫ですが、なるべく易しく説明しましょう。

そのキーワードは「レント」です。経済学では「希少性」「需要と供給」「インセンティブ」と同じぐらい大事な概念です。

さて、「レント」というのは元々どういう概念か、例えを使って説明します。

「銀座」や「松濤」といったような、イメージのいい地名がありますよね。お金があったらそういう土地に住んでみたいな、と思う人が多いわけですが、銀座や松濤と呼ばれる土地の面積は決まっています。需要と供給で考えると、需要が多くても、供給は増えないわけです。一般的には、社会に必要とされる商品、サービスは、「高くても売れる」という状況になると、みんな供給しようとして価格が下がっていって、広くゆき渡るわけですが、供給が増えないケースもあります。

地名の供給が増やせないというのはイメージしていただきやすいと思います。そうすると、銀座や松濤の土地代は高くなるわけです。このとき、いわゆる普通の土地の値段と、銀座、松濤の土地の値段の差をレントと言います。

事業の場合はどうでしょう？　事業では、同じ事業を同じくらいの人でやっているのに出る利益が違うと、「そこにレントがある」と言ったりします。

例えば、2000年前後のコンビニエンスストア業界では、セブン-イレブンの平均日商が68万円ぐらいあったのに対し、ローソンやファミリーマートは50万円くらいしかありませんでした。同じようなことをやっているのにどうしてか生じた、日商の18万円の差も、レントと言えます。

そうすると、「セブン-イレブンには固有のリソースがある！　強みがある！」となり、「ローソンやファミリーマートには弱みがあるんだな」となるわけです。

「レント」とは？

同じような事業で、ヒト・モノ・設備もそれほど変わらないのに生じる収益の差を「レント」と呼ぶ！

確かに、同じような設備で、同じような品揃えなのに、なんで1日に18万円も差がつくのだろうという疑問はまっとうです。ローソンやファミリーマートには、投入したくてもできないリソース、ケイパビリティがある。そして、その投入できないリソース、ケイパビリティをセブン-イレブンだけが持っている。リソースベーストビューの視点で見ると、このように考えられるのです。

あの当時、「セブン-イレブンの強さの秘密」みたいな本が次々と出ていたように思います。「スーパーバイザーを一ヵ所に集めて研修をしているからだ！」とか、「ドミナント出店がいいんだ！」とか言っていましたが、ローソンはセブン-イレブンがやっていることは大抵真似していたので、何が差なのかを説明するのは非常に難しかったです。でも、その努力が実ってか、今や日商の差はほとんどなくなりました。あの時の、あの差はなんだったんだろう、と雲散霧消状態となっているのがいささか残念ではありますね。

なにはともあれ、このようにレントが発生していたら、同じリソースに関して、相対的に「強い」「弱い」が定まる、という規定の仕方です。

確かに、レントの発生原因になっているリソース、つまり、「ヒト」「カネ」「モノ」「情報」「固有のできること」のいずれか、もしくはその組み合わせが特定できれば、それが強みであり、弱みであるとわかりますね。

でも、弱みの特定はなかなか難しいのです。

プロ野球で言えば、**イチロー選手と普通の選手の給与の差が発生しているので、〝レントがある〟として、「イチローには強みがあって、他の選手には弱みがあるんだ！」と言ったところで、「その差をもたらしているものは何か？」というのは特定が難しい**ですし、特定できたところで、その部分へのアプローチが正しい気はしないですよね。

また、先にも触れましたが、少し前にＪＡＬが再生になりましたね。

ＡＮＡというライバルがいて、ＡＮＡとＪＡＬなんてそれほど違わないだろう、ということなのに、ＪＡＬの経営はまずくなって、ＡＮＡが健全経営なのならば、そこにレントがあるということになります。

さて、ここからは私の経験ですが、コンサルティングの基本で、「原因を人に帰さない」というのがありますが、ぶっちゃけて言えば大抵の物事の原因は人ですよ。

「それをシステムで解決するんだ！」みたいなことがまことしやかに言われますけど、正直に言えば、〝この人たちが諸悪の根源だな〟というケースはたくさんあると思います。

「特定リソースが弱み」だった場合、中小企業だと、「誰か特定の人が弱み」であっても不自然ではないのです。でもそれでいいのでしょうか？

切って解決するのはクリエイティブじゃないし、安易です。

だから、知恵を絞る必要があります。たとえば、社長が原因だったからといって社長を切ったりはできませんし、中小企業で人を切り続けると、結局誰もいなくなってしまいます。

自分が諸悪の根源にならないように、頑張ってやるべきことをやる以外、従業員の側には解決策はないし、なんとか工夫で突破するのが、経営側の仕事です。

7

「機会《O》」と「脅威《T》」の考え方

○お客さんの変化から見える「機会《O》」と「脅威《T》」

さて、ここからが本書で一番大事なところです。外部環境の分析です。

結局、**「お客さんが何を求めているのか」が経営戦略では一番大事**です。お客さんが増えて儲かるなら〝機会〟ですし、お客さんが減って儲からなくなるなら〝脅威〟です。

また、「マクロ環境の分析こそが経営戦略のキーとなる」という主張もあります。既に書きましたが、規模と回収期間、リスクの取り方によって、確かにマクロ環境分析が重要な会社もあります。でも、それは結構大きな規模の会社であることがほとんどです。

そりゃあ、欧米に進出済みで、東アジア、南アジアにも工場があって、今後、東南アジアの中間層の立ち上がりに伴う内需の伸びが重要だと思っているようなグローバル展開している会社で、戦後の日本経済と各国との関係がわかっていないなんて話になりません。

ここで一番大事なのは、「**あなたの会社が考えるべき外部環境の範囲はどれくらいなのか**」ということです。そして、お客さんを中心に考えれば、答えはおのずから見えてくるはずです。

外部環境の分析は、お客さんの分析に終始します。そして、ライバル企業たちが提供している価値と自社が提供している価値の違いから、そこでの競争のあり方を明確にすることが、結局はキーとなります。

その要素が多ければ複雑な競争になり、その要素が少なければ単純な競争になります。複雑な競争は大変ではありますが、勝負がつきにくいので、自分の会社がいきなり潰れるといったことにはなりにくいですね。単純な勝負の市場だと絶対大資本には勝てません。

ちなみに、日本固有のランチェスター戦略を批判しますと、あたかも、資本の量によって戦い方が決まるかのように、自社の制約条件でそれを決められるかのように主張しますけど、外部環境によって競争のルールが規定されると考えるほうが経営戦略としては主流です。だから、工務店がみんなでポスティングしよう！　とやったりするのは正直無駄な部分が多いと言わざるを得ません。

話を元に戻しましょう。確かにその市場で行われている競争を捉えるのは、初めはなかなか難しいと思います。でも、何がチャンスで何がピンチなのかくらいは、従業員の人たちに聞けば初めから出てくると思います。

その上で、「どういう工夫をすれば、より意味のある情報が出てくるのか」を考えてみましょう。

ゆき詰まると、ＰＥＳＴやファイブフォースにいって、意味のない分析になりがちな傾向があります。確かにＳＷＯＴ分析は分析内容の正しさとは関係なく施策が出てくる面がありますが、少しずつレベルの高いほうにいって、徐々にＳＷＯＴ分析を使わなくなっていくと考えたほうが意味があります。ＳＷＯＴ分析は中小企業が成長のために活用し、卒業していくツールだと私は考えています。

こんなとき、**意味ある情報を求めるときには、「変化」に着目する**のが一番いいと思います。「お客さんはどう変わるのか」「どう変わったら困るのか」「どう変わったらうれしいのか」といったように仮定法を使っていきます。

現在の事実に反する仮定や、未来に起こるかもしれないことの仮定をたくさん作ってみましょう。機会になりそうな仮定、脅威になりそうな仮定。「こうなったらどうする？」

「じゃあ、こうなったら？」とみんなでゲームのようにやると盛り上がります。

あまりにシリアスな変化について話すと、みんな突然元気がなくなったりしますのでその点だけ気を付けて。

これをワークショップみたいにやってみると非常に面白いので、研修などでお試しください。

〝危険でない〟リスク

もう一段上の段階にいきたい場合はどうするかには、もうひとつ高度な概念を導入する必要があります。それは「リスク」です。

私が研修などをやる時に、「みなさん、〝リスク〟ってなんだかわかりますか？」とやります。そうすると、「リスクなんて知っているよ。〝危ない〟ってことでしょう」という期待どおりの反応をする人が多くて助かります。

多くの方が勘違いをされているのですが、「リスク＝危ない」ではないのです。

経営戦略において、**リスクとは、「起こるか起こらないかわからない度合い」のこと**を言います。つまり「**不確実性**」です。

「絶対起こるだろう」と、みんなが思うことがありますね。それは「リスクが低い」のです。自分たちにとって脅威であることであっても、確実に起こるだろうと思ったら、みんなで対策をするだけです。だから、明らかに起こりそうなことであれば、それほど差はつきません。

でも、起こる度合いが半々ぐらいの出来事。そういう出来事で、自分の会社へのインパクトが大きいことを想像してみてください。これが起こったら大チャンス。これが起こったら大ピンチ。この「大」がつくものをイメージしてみる。

つまり、不確実性が高い出来事で、インパクトが大きい出来事をまず考える。そして、それが起きた時にどうするかをみんなで考える。そうすると、会社の経営にとって、すごく意味があるわけです。

これは〝機会〟でも〝脅威〟でもどちらでもいい。こういうことが日常的にできると、経営企画室らしい感じになってきます。当然、そこに人を貼り付けるかはコストと照らし合わせて判断することですが、ただ、経営側は、普段からこういうことを頭の隅に置いておくことがすごく大事です。いざ、それが発生した時に、対処がしやすいわけです。

外部環境は〝機会〟と〝脅威〟で捉えつつ、変化を仮定法を使って捉え、リスクとインパクトが大きい物事に着目する。当然、リスクが低くて確実に起こるけど、インパクトが大きいという物事にも着目してください。

単に、分析内容を問わない、施策立案、実行のためのＳＷＯＴ分析から、意味ある分析へと成長していくことが、中小企業の経営戦略立案では大事なことだと思います。

仮定とSWOT分析を結びつける

そして、この段階にくるとできることがあります。それは、単純なＳＷＯＴ分析で出てきた施策、行動のアイデアと、「お客さんはこう変わるんじゃないかな」という仮定を結びつける作業です。

本来は「お客さんがこう変わるから、こういうことをしたほうがいいんじゃないかな」であるわけです。施策、行動のアイデアと、お客さんの変化はワンセットです。でも、それが別々になり得るところがＳＷＯＴ分析の不思議なところなのです。

人間は無意識的にはものすごく優秀なんです。意識的には捉えられないぐらい素早い処理が大量に行われていることが近年わかってきました。

何が言いたいかというと、お客さんの変化に対する仮説と、施策、行動アイデアがバラバラに出てきたとしても、それは、意識的につなげられていないだけであって、無意識的にはつながっている、ということです。でなければ出てくるわけがありません。

本来、お客さん、ライバル企業の変化が思いついたら、「こういう行動をすればいいな」というのもくっついているはずですし、「こういう行動をすればいい」を思いついたら、「お客さん、ライバル企業は、こんなふうに変わるはずだ」というのもくっついているはずなんです。そのつながりに気付けないだけです。

この2つがセットであることを認識しておくと、時間が空いた時の考え事が増えます。**「こういうことをするアイデアを思い付いたけど、どういうお客さん、ライバル企業の変化を前提としているんだろう?」**といった問いです。

この段階までこれたら、結構なレベルだと思います。しかも、加速度的にお客さんやライバル企業への理解が深まります。

なぜなら、自分たちの行動を仮定できるレベルになっているからです。

「もし、こんなことをしたらお客さんはどう思うだろう?」と思いながらお客さんと接することができます。そして、また新たな仮説が生まれてきます。また、お客さんとの話の中でも、そういうことを話すようになってくるのです。

そうすると、お客さんから「それはいいかもしれない」とか、「それはどうかなあ」とか、具体的な反応が返ってきます。すると、人間の考えというものはさらに進んでいくものです。

このころには、SWOT分析で、「強み」「弱み」「機会」「脅威」に分けて環境を理解する必要すらなくなってくることに気づくでしょう。

〇 〝儲け〟は流れゆく

そして、最後に、外部環境の分析をする時に、わかっていると役立つ概念をお教えします。それは、**「プロフィットプール＝儲けが出る場所」**という概念です。

人は必ず変化していきます。人が欲しい物、サービスは必ず変わっていきます。

同じ業界に所属している場合、「昔は儲かった」とか、「今はこれが儲かるらしい」とか、そういう話をよく聞くと思います。それを、**「プロフィットプール＝儲けが出る場所」の移動と捉える**のです。

たいていの場合、プロフィットプールは上流から下流へ移動していきます。

ある商品は、設計されて、生産されて、流通して、購入者に売られるという流れの中

プロフィットプールの移動

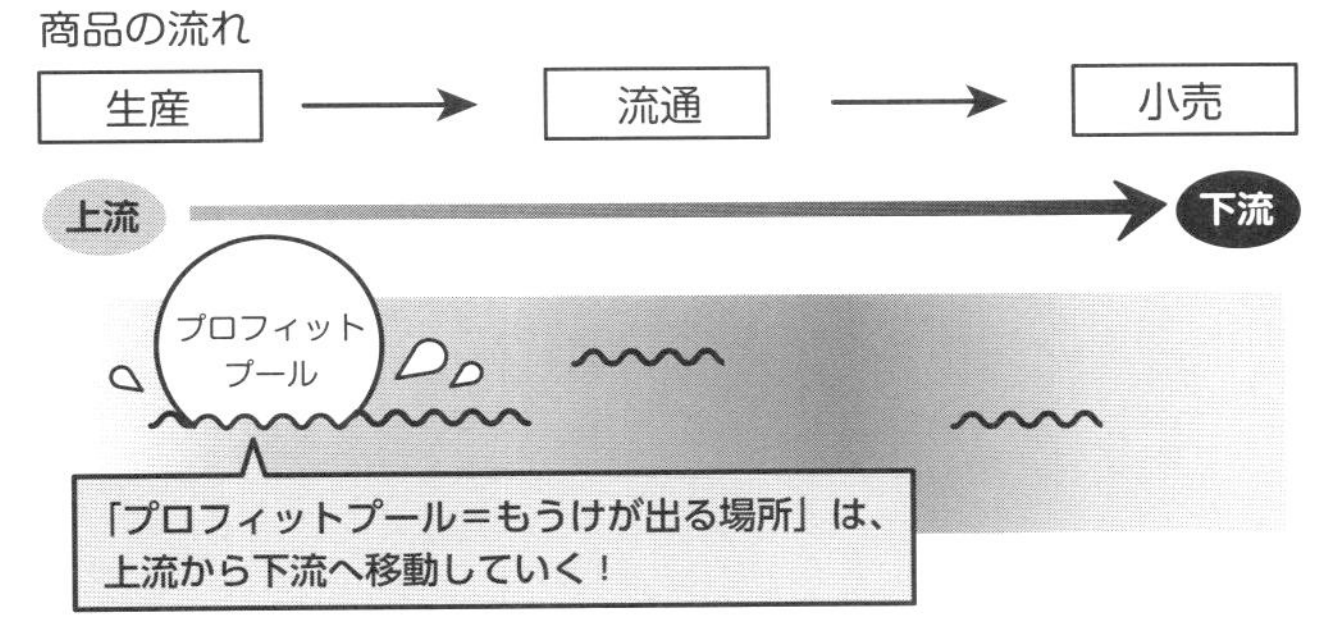

全てのお客さんの変化を「プロフィットプールの移動と関係している」と捉えられれば、ビジネスを見る目線が変わる！

にあります。

その流れの中で、初めのほうを上流と言い、終わりの方を下流と言います。

初めのころは上流のほうが儲かります。メーカーが儲かり、商社、流通が儲かり、広告宣伝が儲かり、小売りが儲かるというようにプロフィットプールは移動を続けます。

今、コンビニが儲かっているのは、この流れの末期なのかもしれませんね。

「その流れの中に我々はいる」と考え、そして、社会に必要な物、サービスも変わっていくという流れの中にあると考えます。

高価格だったものが、低価格になっていき、社会的に弱いとされる人々、お金をそれほど持っていない人々にも普及していく。

そして、また新たな商品、サービスが生み出されていく。そして、儲かる場所も上流から下流へと移動を続ける。

このことがわかっていると、「プロフィットプールが今どこにあるのか」がはっきり見えるようになってきます。社会の中に儲けの流れが見えるようになってきて、儲かる場所が少しずつ動いていく様子が見えてくる。

全てのお客さんの変化は、儲かるポイントの変化、すなわち、「プロフィットプールの移動と関係している」と捉えられるようになれば、ビジネスを見る目線がすごく変わってくると思います。

長い道のりではありますが、成長を志向し、いろいろと試みることが、企業経営にとっては大事だと思います。そして、それがどんな手法であってもツールであっても構わないと私は思います。試行錯誤こそ、人を進化させ、経営を進化させるのですから。

ただ、それに従業員がずっと付き合えるかはわかりません。メンタルヘルスレベルなども、〝考える業務〟には重要だったりしますからね。ここは本書のテーマではないので深入りはしませんが、留意すべきことだとは思います。

さて、これでこの章は終わりです。長い説明にお付き合いいただきましてありがとうございました。

少し、難しかったかもしれませんが、自分で試してみて損はないと思います。

次からは実際にＳＷＯＴ分析を実行していくための考え方です。

どんなにいいツールでも実行しないと意味がないですからね。やってみてつまずくケースを私の体験をベースに書いてみましたので、お楽しみに。

第2章
「意味あるSWOT分析をするために」
のポイント

□ ＳＷＯＴ分析とは、内外の環境を「強み」「弱み」「機会」「脅威」に分けて把握すること

□ ＳＷＯＴ分析で把握したことをベースに経営戦略を考えることが目的

□ ＳＷＯＴ分析は「事業戦略」に絞って考えたほうがいい

□「お客さんが価値を感じる要素」を考えておくのが大事

□ 普通に行われたＳＷＯＴ分析には、さまざまなバイアスがかかっている

□ どんな流派のＳＷＯＴ分析でも出てくる行動アイデアはほとんど変わらない

□ なんとなく出した「強み」「弱み」で素早く行動アイデアを出したほうがいい

□「お客さんが何を求めているのか」から「機会」と「脅威」が見える

□ 全てのお客さんの変化は「儲けの場所＝プロフィットプール」の移動と関係すると捉える

第３章

ＳＷＯＴ分析の結果を活かすには

　ＳＷＯＴ分析のやり方を理解してしっかり分析できても、それを実行するとなるとなかなかうまくいかないというケースが多々あります。

　第３章では、アイデアの出し方から、それを実行するための具体的なコツを説明していきます。

アイデアは浮かばなくて当たり前

アイデアが出てくるSWOT分析のやり方

ＳＷＯＴ分析は不思議なツールで、ちゃんとした分析を前提としても、そうでなくてもそれなりに意味のある施策が出せます。でも、会社が大きくなっていくにしたがって、市場に関する正しい分析ができるようになってこないと困るのも事実です。

荒い分析と荒い実行でいいレベルの時から、経営側やリーダー層は、お客さんが価値と感じることが何で、自分たちはそれをどのように満たしていて、ライバル企業はどのように満たしているのか、競争はどのように行われているのかなどについて、裏側でしっかりわかっていることが望ましいです。

ただ、ＳＷＯＴ分析でやれることのアイデア出しをする時に、「うちはいいアイデアがないいんだよねえ」という言葉を全国津々浦々、どんな企業でも聞きます。

そこで、荒いものでもＳＷＯＴ分析の結果があると、行動のアイデアが出しやすくはないでしょうか。

「強み×機会」で考えることを、「SO戦略」と呼んでとっかからなくてもいいのです。

「強み」「弱み」を左側に、「機会」「脅威」を右側に並べて、真ん中にアイデアを書いていくような形式でいいから、参加者全員に紙にして配る。

そうしたら、3分から5分くらい、ひとりで書かせる。書き終わったら、2人組で共有してもらう。

そうして一緒になった他人のアイデアも自分の紙に書き込む。その過程で思いついたものも書いていく。

それを3人組、4人組と共有する人数を増やしながらやっていく。

私はいつもこのやり方で研修をやります。そうするとアイデアは普通に出てきます。

中途半端に「ブレストをやろう」とか言って、一気にみんなでやろうとするから、ひとりひとりのアイデアが出ないのです。声が大きい人が他人のアイデアを潰したりといった、そういう要素を消すためにも、いつも沈黙している人のアイデアを活かすためにも、こういう方法はよい方法だと思います。

一度、このやり方でやってみてください。それでアイデアがいつもより出たら、ぜひ続けて取り組んでみてください。

　このやり方のポイントとしては、紙はたくさん配って、たくさん使って、というふうに地球には優しくない方向性でやること。

「アイデアは何を書いてもいい」というメッセージを、司会者が、権力者がちゃんと言い続けることが大事です。

　そのアイデアを元に、また、市場の分析に戻ってみると、より深い市場の分析ができるようになります。

「このアイデアがうまくいくとすると」という仮定に基づいて、「市場はこうなっているんじゃないか」と進めていく感じになってくればしめたものです。

　それをひととおりやって、またアイデアを出す作業に戻るというサイクルを繰り返す。これをやればいいのです。

　SWOT分析は、全て単発のアイデア出しのような形でできて、ひとつひとつの要素の小難しい因果関係を考える必要がありません。

　だから、「強み」「弱み」「機会」「脅威」を出す作業から、施策アイデアを出す作業まで、全てこの形式でできます。是非一度、お試し下さい。

特別なアイデアは必要ない

よく聞かれる声ですが、「オリジナリティがあることがやりたい」とか「クリエイティブなことがやりたい」というのも困ったセリフです。

そういう人はそもそもビジネスがわかってないと私は思います。

「需要と供給」の話を思い出してください。

誰かが新しい商品、サービスを思い付く。それが高い価格でも売れるならば、供給したい企業が増えて、みんな作り始める。それによって価格が下がって社会全体に普及していく。

このプロセスの中で、世の中に商品、サービスが広がっていく過程では他人の真似をして、価格を下げていくことも立派に社会に貢献しているわけです。

世に必要とされる新しいこと、オリジナルなことを初めに思い付くことは意味がありますが、それをやる人はごく少数でいいのです。大多数の人は人真似、後追いでいいんです。それでも社会の中での役割は充分に果たしています。

「クリエイティブ」と言えば、今は「デザイン」が大事になってきています。

アップルがアイフォンやアイパッドを出して大ヒットさせましたが、技術的にはそれほど革新的なものではなかったはずです。

では、何がクリエイティブだったのかというと、名前とデザインがクリエイティブだったのです。それを証明するかのように、今、シリコンバレーでは、デザイナーの給与が高くなっているそうです。

オリジナリティがあることをやりたいと思うより、機能的には普通のことをやっておいて、デザイン的な価値、ネーミング的な価値でオリジナリティを出したほうが今の時代にもマッチしていていいのだろうな、と思います。

繰り返しにはなりますが、**SWOT分析から出てくる施策アイデア、行動のアイデア自体は平板でいい**んです。それでも充分社会に価値をゆき渡らせられることは忘れないでくださいね。

1 SWOT分析の結果を実行する難しさ

〝時間〟も〝やる気〟も問題ではない

施策アイデア、行動のアイデアがある程度出てきたら、それを評価して、実行できるような形にしていきます。

このあたりのことは、社内の、企画や計画、その実行などに、ある程度慣れている人がやることが望ましいです。

この実行に際して、現場からは「時間がない」という言い訳が出てきます。マネジャーの側は、「現場は、やる気がない」と言い出します。でも、実際は、どちらの言っていることも、そうではないことが多いと思います。

もし、時間がないことが問題だとすると、優先度の確認をすることになり、重要度と緊急度で案件管理をすることになります。時間を効率的に使うようにするか、やらなくてもいいことを決めなくてはなりません。

でも、これで本当にできるようになるでしょうか？

また、マネジャーの言うように、現場にやる気がないことが問題だとすると、モチベーションの話になります。そうすると、モチベーションアップ研修とか、そういう方向に向かいます。

それで本当にできるようになるでしょうか？

○……わかれば、できる

私がやる場合、企画や営業の人たちのキャパシティーの把握のために、まずは必ず「週報」を書いてもらいます。日報だと負荷が重い面もあるでしょうが、週報程度ならできるでしょう、ということにしてやってもらうのです。これで、作業量の把握ができます。それを元に、「今のあなたの作業はこれとこれがルーチンで、これが新たに加わりますが、やれますか？　やりますか？　ダメなら私が手伝えることは何ですか？」と一緒にひとつひとつやっていくのです。それを続けると、自然に〝やる〟ようになってきます。

さて、それまで「時間がない」を言い訳にして〝やらない〟を選択していた彼らが、〝やる〟ようになるのはなぜでしょうか？

それは、やり方を懇切丁寧に教えるからです。やらない理由は、やり方を知らないからだと考え、やり方を教え、一緒にやり、やり方を示すからやるようになるのだと思います。

「やり方なんてわかるだろう」と言う方が多いのですが、最近の企業を見ていると、「やり方がわからないからやらない」可能性を簡単に潰し過ぎています。

できるなら仕事はちゃんとやりたい人のほうが多いはずです。まずそこは信じてあげましょう。

では、そんな中で、なぜ「忙しい」を言い訳にやらないのかと言えば、「やり方がわからないからやらない」というケースが多々あります。

「そんなもん、こうやってこうやってこうやれば終わりだろう」と思う方もいらっしゃるでしょう。

ですが、「その〝こうやってこうやってこうやる〟をちゃんと言葉にして、文字にして伝えていますか？　誰が読んでもわかる文章にして教えましたか？　目の前でやってみせて伝えましたか？」と問えば、圧倒的にやっていないケースが多いのです。

そもそも、現実的なアイデアを出したり、みんなにやる気を出させたり、やるべきことを確認したりするために、SWOT分析の勉強会をやってアイデアが出てきたとします。社長はしっかりと全員の面倒を見る気もあり、そして、それぞれがやることが、ある程度決まっていたとします。そういう環境にも関わらず、それでもやらないということがあったら、「やり方がわからないのではないか?」と経営側、リーダーは考えてあげるのが自然です。

自分から「やり方がわからない」というのはすごく言いにくいですよね。

これと似た考え方に、子供向けの「公文式」があります。

簡単なところからスタートして、繰り返し学び、何も考えなくてもできるようなレベルに持っていく。子供がなんで〝やる〟のかは簡単です。それこそ「簡単にできるから」です。

「上司が嫌いだから、そいつのためになるのが嫌だからやらないんだ!」と主張する人もいます。でも、**嫌いな上司に「そこのコップを取ってくれないか?」と言われて取らない人はほとんどいない**のです。

なぜ取るのかといえば、それがすさまじく簡単だからです。

仕事なんてやり方が見えれば簡単です。やったことのないことを自分で考えてわかるようになる人は、ごく稀にいますが、それを普通だと思ってはいけません。「あなたはなぜリーダーの立場なのか？」と言えば、みんなより優秀だからです。だから、自分と同じレベルを期待してはいけないのです。

また、意欲の問題にしてはいけません。そもそも意欲やモチベーションというのは、意外とおぼつかない概念です。

意欲を前提とするようになった今のキャリア教育や学校教育は悪だと思っています。

特に中小企業は、ジョブディスクリプション、つまり、「業務のやり方の指示」についての考え方が甘すぎます。アバウトな指示で仕事ができる人はすごく優秀なだけです。

完全に、誤解のないように行動を教えてあげれば、今までできなかった人でも、できるようになることもあるはずですので、一度そういう形での教育を試してみることをお勧めします。意外なことに、指示している自分でも、実はやり方がわかっていなかったということに気付くことがあるかもしれません。

既存のこととの重複はチェックしておく

さて、実行に際して、もっと難しい障害があります。

それは、「これまでやっていることとの折り合いをつけること」です。

新しく実行アイデアがあって、それを具体的な行動に落としてみる作業を経て、いざ実行段階でひとりひとりの作業を確認してみると、似たようなことを既にやっていたりすることが結構あります。

「既にやっていることとかぶる部分があるじゃないか」ということとの折り合いをどうつけるかがすごく難しい。

私だったら、経営者やリーダーに「これが既に走っているんですけど、こんなの聞いていませんよ。かぶる部分があるじゃないですか。それだと『新しくこれもやれ』って言いにくいですよね。どうするんですか?」とキツい質問をします。

すると、たいていの方が「両方やるという方向でお願いできませんか?」というふうに言ってくるわけです。

まあ、気持ちはわかるのですが、私はコンサルタントとして入っているわけで、立場的にそれをわかってあげてはいけないのです。ここらへんは、外部の人間だからこそできる「ゴリ押し」です。

しかし、社内の人が担当だと途方に暮れてしまうと思います。

無理です。解決不可能です。経営者や、より上位のリーダーにははっきり言えないし、現場の人にやらせるにしても、かぶっているから言いにくい。

リーダーが「これまでのことはやめよう、新しくこれをやろう」と言えば済むのですが、そういう人はあまり見たことがありません。

どんな素敵なアイデアもこういうささいなことで立ち消えます。

新しい施策、行動アイデアを出して実行段階まで承認しておいて、これまでの、既に実行していることとの重複をどうするかが決められない。こんなことが、本当によくあります。これを防ぐためには、企画段階で、または、ＳＷＯＴ分析のアイデア出しをやる時に、既にやっているアイデアも言ってください、ということにしておくのがいいと思います。

そうすれば、かぶっている施策が実行中だということもわかるし、だったらそれに、どのように新しいことを加えていくのかということも考えられますから。

2

抵抗勢力は出てくるもの？

〝ナンバー2〟は気持ちよくさせておく

外部からコンサルタントを招いてSWOT分析を行い、それをベースにして、いざ実行するぞ、という段になって必ず出てくるのが、「抵抗勢力」です。

「そんなことをやっても意味がない」というように、まっとうであればあるほど、組織のナンバー2のような人が抵抗することが多いです。

それまで、いろいろ経営戦略の施策アイデア、行動アイデアを立案、実行することがうまくいってないから、〝考え直そう〟となるわけですが、たいてい、そういうお仕事をそれまで担当しているのはナンバー2の人です。

自分のやり方がよかった、自分のやり方で成果を出したと思いたいし、思っているのだから、よそからきた人の言うことが面白くないのは当たり前です。

急に外部からきた人の言うことにしたがうなんて屈辱でしょうから。

ただ、誰がどう思っていようと、新しい施策のアイデアが推進されるならなんだっていいのです。

「あなたは前世からこれをやる宿命だった」とか、「守護霊がそう言っている」とか、そんなとんでもない理屈であっても、それで現場の人間が動くならそれもまたいいことだと思います。

でも、ナンバー2が抵抗勢力となってしまったらうまくいきません。せっかく事業をいい方向に動かそうとしているのにどうしよう、となってしまいます。

身も蓋もないのですが、こういう時にいいのは、**数字が少し上がり始めたら、ナンバー2の手柄にしてあげる**ことです。

全く関与していなくても、アイデアを出したのは全然別の人だったとしても、その成果をナンバー2が好きに利用できるように仕向けてあげるのです。こっそりと。

リーダーは、そのハンドリングをちゃんと考えておく必要があります。

元々、できる人だからその地位にあるわけです。ですから、次々にいろいろやり始めてくれます。

その結果を、「いい方向に本当に収束させることができるのか」は、また少し難しいですが、外部からきた実行推進者が居座って、ナンバー2の立場が微妙になるよりはいいと思います。

リーダーは、ＳＷＯＴ分析の勉強会や研修をやって、いいアイデアが出てきて、実行する段になったら、そういうことをちゃんと思い出して対策を練っておくことが大切です。

3 実行結果の評価はほどほどに

企画が実行できなかったとしても

立案した企画が立ち消えるというようなことは、中小企業だろうと大企業だろうとよくあることです。「立ち消えは悪だ！」とおっしゃる方もいて、厳密な管理を主張されたりします。「ＫＰＩの設定こそが重要なんだ」ともおっしゃいます。

ですが、実際は、立ち消えてしまう施策や行動のアイデアは、〝実行しないほうがよかった〟という場合も多々あります。だから、立ち消えを許容することには、一定の意味があると私は思っています。

オペレーションをかっちり回していく上で、人は簡単にできることしかやってくれません。やるインセンティブが働くような仕組みにすることを、経営の仕組みをしっかり作る、と言います。

中には、「評価」が大事だとおっしゃる方がいます。「ＫＰＩに基づいた客観的な評価

「KPI」とは？

KPI：Key Performance Indicator（重要業績評価指標）

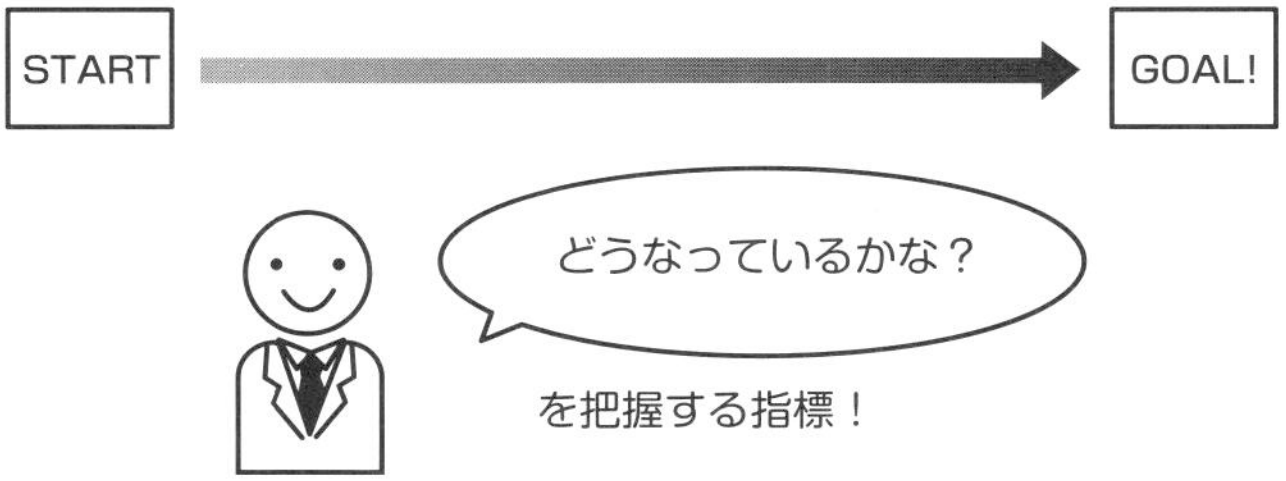

経営戦略や目標を達成するためのプロセスが
きちんと進められているかを測るための指標！

を」ということです。

ここまで読み進めてきた方ならばピンとくるかもしれませんが、この「客観的」という言葉には要注意です。

そもそも、中小企業における評価で大事なことは、たいていは、「社長へのサポートをいかに行えているか」です。

多くの中小企業では、社長が最大の生産力を発揮しています。そうすると、「会社の収益への貢献＝社長をうまくサポートできるか否か」であることが多いのです。

社長が理不尽な要求を社員にしてはならないのは言わずもがなですが、「社長と合うか合わないか」「社長が仕事ができるようにサポートする能力」で社員を評価していい場合が極めて多いのは事実です。

中小企業でも、経営者は10年単位で経営を考えているものです。そうすると、「社員がしっかりと人間として信用できて、自分と一緒にやっていけるか」というところはすごく大事です。

あるべき評価の形としては、長期での付き合いで評価すべきです。短期の評価はほどほどでいいのです。事業がしっかり続くのならば。

長い目で見て、ぶれない姿勢を

「事業のライフサイクルが短くなった」とよく言われます。でも、相変わらずあなたの企業は続いています。

仮に短かろうが、あるいは不況で苦しかろうが、企業側としては、生き延びられているなら、それで給料が払えているならいいのではないでしょうか。

たとえば、ＳＷＯＴ分析を使った経営戦略の検討、そこで出てきたアイデアを実行するか、しないかでは長期的評価なんて変わりませんし、変えるべきではありません。

社員を動かすのは、社長やリーダーのどっしりした構えであり、揺るがない姿勢、覚悟です。

それが前提条件として、ベースとしてあった上で、「さて、どう動いてもらうかな？」というものが別にあると考えたほうがいいです。

だから、**短期での行動評価はほどほどに**、です。

演技としての煽り、脅しが板についている社長やリーダーは、短期で社員をビビらせてみるのも手ではありますが、目の前しか見ていないと、結局はうまくいかない、ということに陥ってしまうと思います。

4 SWOT分析を何度も繰り返そう

繰り返すことで成長する

せっかくSWOT分析をやって、施策アイデアも出てきたのに立ち消えてしまうことがよくある、というのは先に述べたとおりです。

「せっかくいいアイデアだと思ったのに」とリーダーとしては残念に思うでしょう。そんな時、どうすればいいのでしょうか。

簡単に答えを言うと、SWOT分析の勉強会を、また新たな気持ちでやればいいのです。「この前の、立ち消えちゃったね、あははは!」くらいに笑い飛ばして、もしくはこの前やったことを忘れたふりをして、今度はもっといいアイデアが出て、実行できるといいね、という感じで。

何度も書きますが、人間はバカではありません。何度も何度もやっていく中で、他人と情報共有をする機会があったり、やり方を懇切丁寧に教えてもらう機会があったりすれば、少しずつ少しずつ、できるようになってきます。

まさに経験曲線の知見と同じです。人は必ず成長します。「人の心が成長を求めている」というのは嘘ですが、人は刺激を与え続ければ、特定の発達を示します。

脳の可塑性は年を重ねてもあることがわかってきました。要するに、おじいちゃんになっても、リハビリは効くのです。

極端な例を言えば、もしも発達に充分な刺激がなくて、反抗期を迎えたことがない人がいたとします。この人が、そのままおじいちゃんになってしまったとします。しかし、それから適切な刺激量がこのおじいちゃんに満ちれば、反抗期のおじいちゃんが出来上がります。

つまり、いくつになっても、人は成長するのです。発達には順序があり、特定の刺激の量が満ちれば、人の能力は上がる方向に向かうのです。

企業が成長して行くプロセスの中で、経営者も従業員も様々な経験をするでしょう。その中でいろいろな経営コンセプトと出会うと思います。経営学であったり、多少怪しいと思える教えだったり。

ビジネスは、〝儲けたもの勝ち〟の世界ですので、何でも試してみるというスタンスが正しいと思います。

ＳＷＯＴ分析も、そんな、試してみて意味のあるもののひとつだと思います。ここまで、経営戦略とＳＷＯＴ分析との関係とその意味合いを説いてきました。今はどう使えばいいかのイメージが湧いてきていると思います。

ただ、何でも試してみるにしても、怪しいものは怪しいとわかっておくことは必要です。**手法は手法ですから、常に相対化、つまりポジティブな点とネガティブな点があることを踏まえる**ことが大事です。

最近は、経営者が東洋思想を勉強することなども流行っているようですし、相変わらず、ドラッカーが好きな人も多いようです。そのほかにも巷にはいろいろな理論が溢れています。

こういったものとの付き合い方の示唆として、最後なので少しだけ道徳についても述べておこうと思います。

経営戦略と道徳観

日本では道徳批判をやったのは、福沢諭吉がかわいい程度に触れているぐらいで、ラディカルな批判を展開した思想家はいないと言っていいと思います。

ただ、西欧ではキリスト教の提示する道徳に対するラディカルな批判が行われています。ニーチェの「道徳の系譜」が有名ですね。単純化するとニーチェのキリスト教への批判としては、「価値の倒錯」という概念で説明されます。

そもそもドイツ語で「よい」という言葉は「グード」なのですが、その元々の意味は強いという意味でした。「わるい」と言う言葉は「シュレヒト」なのですが、元々は弱いという意味でした。つまり、強いことはいいことであり、弱いことは悪いことであるという価値判断が、そもそもの世界にはあったはずであるとニーチェは主張するわけです。

それが、キリスト教によって、価値判断の倒錯が起こった。キリスト教の教えでは、「弱きものは幸いである」といったことを教える、と。

すなわちいう、「惨めな者のみが善い者である。貧しい者、力のない者、賤しい者のみが善い者である。悩める者、乏しい者、病める者、醜い者のみがひとり敬神な者、神に帰依する者であって、彼らの身にのみ浄福がある。――これに反し、お前ら高貴にして権勢ある者ども、お前らこそは永遠に悪い者、残酷な者、淫佚《いんいつ》な者、貪欲な者、神に背く者である。お前らこそはまた永遠に救われない者、呪われた者、堕地獄な者であるだろう！」

信太正三訳・ニーチェ『善悪の彼岸・道徳の系譜』ちくま学芸文庫

「キリスト教が弱いことは善いと言っていて、強いことは悪いと言っている」とニーチェが言っている部分の引用です。キリスト教的な道徳は弱者の味方で、強者を不当に貶めているという主張ですね。

ですがこれについて、今の日本人、つまりみなさんはどう感じるでしょうか？

私の感覚では、これを読んだ時に「強いのが良くて、弱いのが悪いのって普通じゃない？　弱いことがいいなんていう教えがあったの？」と思う人が多いと思います。

私が問題にしたいのは、「そう思う人が多い今の日本というのはどういう時代なのだろうか」ということです。

それは、ビジネスに置き換えて考えれば、**「儲かることはいいことだ、儲けられる能力があることはいいことだ」という価値観が浸透しているる**ということです。

つまり、強者が素直に称賛される面があるということです。

出てくる杭は打たれるという面は確かにあるかもしれません。でも、お金持ちであることの価値や、強者の価値が道徳によって歪められていると感じる人は少ないのではないでしょうか？

有り体に言えば、今の時代は強い人にはいい時代なわけです。

少なくとも、日本は成功者の足を引っ張ると言いつつ、それなりに素直にその価値を認める社会になってきているように見えます。

そうすると、「弱い人はどう感じるのだろうか」という問題があります。

「弱い人が幸いだ」とされる時代ならば、社会の支配的な価値観に、「弱きものは幸いである」と言ってもらえると、救われる感があるのではないでしょうか。

でも、今の日本ではどうでしょう。

ここまでに、「需要と供給」の話を何度かしました。そして、資本主義社会と自由なマーケットの意味も書きました。

結局、社会で生産物を配分する時に、人の欲望をエネルギーとして、限られた資源から企業が収益を追求する形で生産活動をしたほうが、人が欲しい商品、サービスが社会にゆき渡り、価格が下がり、弱者にまでその恩恵が行き渡るメカニズムがあるのです。

社会は、限られた「資源」、つまり「ヒト」「モノ」「情報」を使って、最大限にモノ、サービスを生み出しているに過ぎません。

だから、資本主義によって生産力が最大化された社会では弱者も豊かになってくるわけです。確かに生活水準は高い。今や携帯電話やウォシュレットは多くの家庭に普及しています。

でも、だからこそ、あなたはビジネスの中で強くないよ、弱いんだよ、ということは、けっこう耐え難い時代なのではないでしょうか。**強者が素直に称賛される時代だからこそ、弱者は誇りを持ちにくい**面がある。

少し前までの、道徳をある程度信じている社会では、弱者にも心の拠り所があったと思います。道徳は弱者に優しく、強者に厳しくあるものです。でも、今の日本は少し変わってきた。

今の日本は、会社の中であまり活躍できていない人にとっては、キツいだろうなあ、と思います。それほど活躍できない人でも、ちゃんとやってくれている人はいる。でも、そういう人が肩身が狭くなりやすいんじゃないかな、ということです。

会社の中が道徳に満ちていたら、それはそれでみんなにとって、安心できるのではないでしょうか。

道徳が正しいか否かは別として、儒教などは体制維持的な面があって、「みんなが頑張ること」を奨励するわけです。

そういう意味では、結果主義で、結果が出る人が偉くて、結果が出ない人はダメ、というのがゆき過ぎても、それはそれで集団としてはよろしいのだろうか、という疑念を抱かざるを得ません。

道徳が強い時代は、特にマネジメントで意識しなくても、全体としてうまくまとまるものなのでしょうが、ここまで道徳的観念が弱くなって、強いことがよいことになると、なんらかの思想があったほうが会社組織は安定するんじゃないかな、と思うのです。

そのために、会社として東洋思想を勉強したり、ドラッカーを勉強したりというのは、その内容が科学的か否かは別として、方便としては意味があると思います。

そういう意味ではその他の経営理論でもいいでしょう。

ビジネスは儲けたもの勝ちではあります。ただ、組織の長期的な安定があってこそ、ずっと勝ち続けられます。

逆説的ですが、そのための方便としての道徳もあり得ると私は思うのです。

第3章
「SWOT 分析の結果を活かすには」の
ポイント

□ なかなかアイデアが出てこないのは、アイデアの出るやり方でやっていないから

□ 企画やアイデアが実行されるか否かに「時間」も「やる気」も影響しない

□ 相手にわかるように伝えられれば、今までできなかった人でもできるようになる

□ 新しい施策のアイデアには抵抗勢力がつきもの。あらかじめハンドリングを考えておこう

□ アイデアが実行に移せなかったとしても、それだけで人を評価しないほうがいい

□ ＳＷＯＴ分析のアイデアが立ち消えてしまっても気にせずＳＷＯＴ分析を繰り返そう

□ ビジネスは「儲けたもの勝ち」の世界。何でも試してみるというスタンスがチャンスをつかむ

第4章

ＳＷＯＴ分析 Ｔｉｐｓ集

ここまでで、ＳＷＯＴ分析の考え方や具体的な行い方、実行するにあたって気をつけるべきことなどを説明してきました。

第４章は本書の総まとめ的に、これまで説明してきたＳＷＯＴ分析に関するノウハウをＴｉｐｓで紹介していきます。

最後のまとめとしてのＴｉｐｓ

ようやく最後までたどり着きました。

ここまでお付き合いいただきまして本当にありがとうございました。とりとめもなく、つらつらと筆に任せて書いてきたので、何が書いてあったかよくわからない方もいらっしゃるかと思います。ごめんなさい。

そこで、格言めいた形でひとつひとつのノウハウをまとめて記述する形でこの本を締めたいと思います。

初めからそう書けよ、と突っ込まれるかもしれませんが、理路整然と書くと、読み物として面白くならないでしょう？

少し難しい言葉も説明なしで書きます。本文でしつこくしつこく、丁寧に丁寧に書いてありますので。

それではＳＷＯＴ分析、経営戦略立案、施策実行のためのＴｉｐｓ（役に立つコツ）を20連発ぐらいでいってみましょう。

○……SWOT分析との付き合い方

◎SWOT分析は、分析内容は別にして、ある程度正しい施策の立案が可能な経営戦略の立案手法である。

中小企業では規模を問わず、荒くても経営戦略の施策を立案するために幅広く利用することが可能である。

◎SWOT分析には、定量化にこだわる派、MECEなどの論理にこだわる派、米国の経営コンセプトにこだわる派など、多種多様な流派が乱立しているが、中小企業としては成長段階に応じてそれぞれの課題に合わせて、それぞれの流派を試していけばいい。

◎荒くてもある程度正しい施策ならば構わないレベルから、ある程度まっとうな分析に基づく、独自の施策を打ち出すことができるようになるまでのプロセスにおいて、「SWOT分析を試していく」という捉え方が最大限にSWOT分析を活用できる。

それはつまり、ＳＷＯＴ分析を活用しながら、ＳＷＯＴ分析を徐々に卒業していくプロセスである。

◎ＳＷＯＴ分析を使って、強み、弱み、機会、脅威を従業員の方々に考えていただく場合の目的は、現場の人にとにかく新たなことの実行を試みてもらう、というところに主眼が置かれている場合が多いので、分析内容、その結果はそれほど気にしなくてよい。施策のアイデアに着目し、効果があるかもしれないと思えるなら、それをどう実行できるかを考えるべき。

◎経営側としては、ＳＷＯＴ分析を従業員にやってもらいながらも、経営戦略としてある程度正しいことを把握しようとする試みを裏側で行っておくことは重要である。特に「お客さんが何を求めているか」、「なぜ自分たちを選んでくれているのか」、「ライバルとの違いは何か」の把握は必須である。

○……SWOT分析と経営戦略

◎経営戦略は「ずっと競争に勝つためにやることのリスト」として捉える。

環境を分析して経営戦略を立案するとは、「企業が持っている資源に応じてできる固有のことと、みんなが欲しいモノやサービスの変化によって起こるチャンスを最適に組み合わせる」ことで、「ずっと競争に勝つためのやれることのリスト」を考えるということ。

これはどんな経営コンセプトでも変わらない。

◎環境分析は「自社」、「お客さん」、「ライバル企業」で捉える。

自分の会社のことに関しては、「ヒト」「モノ」「カネ」「情報」の「経営資源＝リソース」と「固有のできること＝ケイパビリティ」で捉える。

お客さんのことは、「なぜお客さんはその商品、サービスを買うのか」「その中でなぜ自分たちの商品、サービスを選択したのか」で捉える。

「ライバル企業を選ぶお客さんはなぜライバル企業を選択するのか」も捉える。
そうすると、そのマーケットでどのような競争が行われているのかがわかる。

◎お客さんが選ぶ際の検討事項が多ければ多いほど、複雑な競争が行われ、簡単には
リソース量の勝負、規模の勝負にならない。

つまり中小企業にはチャンスである。

「自社のできる固有のことと、お客さんが購入の際に検討することの満たし方のパターン及び使うリソースの兼ね合いで、どう儲けを作り出すか」を考えるために、SWOT分析ではないまっとうな分析をすべし。

◎将来を見とおすためには、現在起きている変化に注目し、仮定法を最大限に活用する。
現在の事実に反する仮定と、将来のわからないことに関する仮定をし、それが現在起きている変化と結びつき得るのか。結びつくとしたら、どう結びつくのかを考える。

そのインパクトが大きいのならば、ポジティブであろうと、ネガティブであろうと、機会であろうと脅威であろうと、自分たちが備えるべきであることには変わりがない。

◎リスクは不確実性。現実がどちらに振れるかわからない度合いを指す。
リスクが低いことは確実に起こると考えられること。その変化の自分たちへのインパクトが大きければここに着目するのは当たり前。

どちらに振れるかわからないけれど、機会、脅威のどちらに振れてもインパクトが大きいことに着目し、普段の業務を回しながらもその変化に備えることが、ある程度の規模になった企業の経営陣に求められること。

◎過去の研究から、市場で「どういう時に何が起こるか」はある程度分かっている。
収益の出やすい業界から、収益の出る場所がどう移動するかまで研究が進んでいる。

そして、自社がどのような事業を持っているかによって、「どのように資源を配分するべきか」までもある程度の定石がある。

これを知った上で、自社という固有のできることを持った存在が、目の前の固有の環境に対した時に、何をすべきかが独自に定まってくる。

○……分析とアクション

◎環境にある事実を、自分たち、固有のできることを持った存在から見た場合に、意味ある事実は何かをつかむことは非常に難しい。

個人としての社員は、会社と同じ経験量を持っているわけではないし、同じ未来を見ているわけではないから。

自分、近親者が普段環境から読み取っている意味に自覚的になることが、分析者としての事実の読み取り方のレベルを上げていく。

◎当初、会社と同じレベルの情報量と想定する未来を持っているのは経営者であり、経営者が一番優秀な分析者であることは当たり前である。

そして、やりたいことが次々と見えてくることも当たり前であり、一番のアイデアマンであることも当たり前である。

もしも、企画スタッフ、分析スタッフを育てたいのであれば、自分の経験を言語的に、非言語的に伝え、共有していくことが重要で、これをせずに分析や企画を社員に期待してはいけない。

◎アクションの仮説は市場の変化の仮説を含意し、市場の変化の仮説はアクションの仮説を含意する。

このことがわかるようになると、市場と自分たち、お客さんと自分たち、さらにはライバル企業までが相互的につながっていることが実感を持ってわかるようになる。

本来、このレベルの分析を経営戦略における分析は想定しているが、ここまでこれていないという自覚があるならば、ＳＷＯＴ分析の施策立案に頼るべき。

◎そもそも、未来の自分の行動を想定しないと、事実の意味は定まらない。

つまり、分析はできない。

企業は「ヒト」「モノ」「カネ」「情報」を組み合わせて、「固有のできること＝ケイパビリティ」を構築し、日々、お金と商品、サービスの交換をするための行動をし続けている。

その行動主体としての企業から見た時に、どのような事実が意味を伴って見えてくるのかがわかることが、分析とアクションの関係がわかることであり、経営戦略がわかることである。

○……立案された施策アイデア、行動アイデアの実行に際して

◎押し付けられたものではなく、自分たちで考えたものは実行しやすい面はあるかもしれない。

多くのＳＷＯＴ分析勉強会もそのような考えで実施される。

だが、本当にそのような対立は存在するのだろうか？　ということをもう一度深く考えてみて欲しい。

上から押し付けられたからやりたくないのではなく、現実的ではない、効果がありそうに見えないからやらないのではないのだろうか？

自分たちで考えればやるのだろうか？

そもそも自分たちで考えられたら、勝手に工夫としてやっているのではないか？　前者であれば、もっとやれて効果があることを考える方向に向かうべきだし、後者であれば、背中押しをすれば済むだけの話である。

◎社員は、やり方がわかっていればやるものと捉えたほうが生産的である。

その上で実行に際して、「ヒト」「モノ」「カネ」「情報」「時間」のどれが実行を推進するために効いてくるのかも、それぞれのマネジメント権限の中で考えるべきだ。

たいていの実行者は時間を問題にし、たいていのマネジャーはモチベーションを問題にするが、やり方、つまり情報の欠如として捉えることで突破できるケースは多々ある。

そもそもそのやるべきことのやり方の情報が本当に社内にない、ということはよくあることである。

◎立ち消えてしまったものは仕方がない。

毎年でも、毎半期でも、「経営戦略の実行のための施策を実施しよう」というのを繰り返しやり続けることが重要。

そして、そのたびに、過去の立ち消えは問わず、新たな気持ちでこれまでやろうとしてやれなかったことも含めて検討し続けるべき。

そうすれば、少しずつ、少しずつ、やれるようになる。人はいくつになっても少しずつ成長するものである。

◎人の評価と結びつけることによって、実行を推進しようというのは、考え自体は間違っていないが、人はその会社にいて欲しい期間で評価すべきだし、意欲で評価すると、時に迷惑な行為を振りまく人の評価が高くなりかねない。

結局は、マネジメントをする人間を「どうサポートできるか」「信用しているか」と、会社固有のできることへの貢献、すなわち「儲けへの貢献」で評価するのが本来のベースの評価の考え方である。

そこにプラスアルファして、「どう報いることができるのか」がちゃんとしているなら、それを加えても構わないが、本当にそれをやるのは難しい。

○……その他

◎社会は、その社会に属する人に生産物をどう配分するのかの問題に対して、資本主義と企業間の自由な競争を選択している。

企業が欲望に任せて収益を追求することが結果的に生産量を最大化し、弱者への資源の配分を可能にする。

つまり、「儲けること」はそれ自体が社会貢献であり、企業の存続理由は儲けること以外に存在しない。

青臭いビジョンを語る暇があったら、ずっと儲けるための勝つためのリストを作成し、ひたすら実行をすべきである。

◎ただし、方便としての道徳の価値は否定しないし、人類の叡智はそこにあるとは思う。例えば、ドラッカーは成功したコンサルタントではあるが、経営学だとは見なされていない。

それでも、経営版の四書五経、儒教のようなものとして捉えれば、社員を会社を維持するほうに向かわせるために使うことができる思想ではある。

儒教は建武の新政から江戸期の統治にまで利用されているので、それなりの説得力はある。

現代のマネジメント理論も完成からはほど遠いので、好きなのであれば、儒教のような割り切りでドラッカーやらフロー理論やら、いわゆる怪しいと言われるかもしれないことを使ってもいいとは思う。

あとがきに代えて

さて、これで本書は終わりです。特にＴｉｐｓの解説は書きません。

最後までお読みいただだいた読者のみなさんは、本文の該当箇所といったりきたりして、ご理解いただけるとありがたいと思っております。

つたない文章に最後までお付き合いいただいて、ありがとうございました。

休憩時間にご飯を食べながら、ブログやメルマガも後回しにして書いたので、しんどかったです。

あ、ご飯がひとりぼっちなことがバレました。さみしい大人ですね。

本書は微力ですが、みなさんの会社の経営戦略が少しでも前進することを心より願って書きました。

これは素で書いています。マジです。本心です。

それでは、またいつかどこかで。ご縁があれば、お会できることを楽しみにしております。袖触れ合うも他生の縁、ですからね。

著者

【著者紹介】

伊藤 達夫（いとう・たつお）

◎— THOUGHT&INSIGHT 株式会社、代表取締役。認定エグゼクティブコーチ。東京大学文学部卒業。コンサルティング会社、専門商社、大学教員などを経て現職。
◎—成長戦略、事業戦略の策定から市場調査、営業部門などの業務改革まで、幅広く企業を支援している。著書に『直感でわかるロジカルシンキング』（技術評論社）がある。

《ブログ》「インサイト 100」　http://consultantblog.blog123.fc2.com/

※本書の内容は 2015 年 6 月現在のものです。
※文中に記載の商品名、サービス名などは各社の商標または登録商標です。原則として「TM」「®」マークは明記していません。

これだけ！　SWOT分析

2013年5月29日　第1刷発行
2015年6月12日　第4刷発行

著　者　伊藤 達夫
発行者　八谷 智範
発行所　株式会社すばる舎リンケージ
〒170-0013　東京都豊島区東池袋3-9-7 東池袋織本ビル1階
TEL 03-6907-7827
FAX 03-6907-7877
http://www.subarusya-linkage.jp
発売元　株式会社すばる舎
〒170-0013　東京都豊島区東池袋3-9-7 東池袋織本ビル
TEL 03-3981-8651（代表）
03-3981-0767（営業部直通）
振替00140-7-116563
印　刷　ベクトル印刷株式会社

乱丁・落丁本はお取り替えいたします。

ISBN978-4-7991-0255-8